Ingeborg Obereder

**Theresia von Lisieux –
Rose in der Wüste**

Ingeborg Obereder

Theresia von Lisieux –

Rose in der Wüste

MIRIAM-VERLAG

1. Auflage 1997
© Miriam-Verlag • D-79798 Jestetten
Alle Rechte, auch die des Teilabdrucks
und der Übersetzung, vorbehalten.
Satz und Druck: Miriam-Verlag
Printed in Germany
ISBN 3-87449-269-9

Inhaltsverzeichnis

Zitat aus der Predigt des Hl. Vaters
in Lisieux am 2. Juni 1980

„Von Theresia von Lisieux kann man mit Überzeugung sagen, daß der Geist Gottes ihrem Herzen möglich gemacht hat, den Menschen unserer Zeit das grundlegende Geheimnis, die Wirklichkeit des Evangeliums direkt zu offenbaren: die Tatsache nämlich, daß wir wirklich den Geist empfangen haben, der uns zu Söhnen macht den Geist, in dem wir rufen: Abba, Vater'."

Johannes Paul II.

Rose in der Wüste

Die kürzeste Lebensbeschreibung über Theresia vom Kinde Jesus stammt von einer ihrer Mitschwestern und lautet: „Sie trat bei uns ein, lebte und starb – mehr ist wirklich nicht zu sagen."[8]

Zu Ehren dieser scheinbar unbedeutenden Nonne wurde im Jahre 1937 in Lisieux eine der größten Basiliken des 20. Jahrhunderts eingeweiht. Ein Mosaik über dem Ausgangsportal läßt uns erstaunen: Umgeben von vier Päpsten sitzt Theresia vergnügt und gelassen auf einem Thron. Dieses Bild zeigt in eindrucksvoller Weise die Anerkennung ihrer Person und ihrer Lehre durch die obersten Hirten der Kirche.

Diese beiden Darstellungen deuten jene Spannung an, in der sich das Leben Theresias vollzog. Ihr genügte der äußere Rahmen eines unauffälligen und alltäglichen Lebens, um zu einer faszinierenden Persönlichkeit der katholischen Kirche heranzureifen. Nicht vom Zufall wurde sie getrieben, sondern vom Geist Gottes. Jeden Augenblick lebte sie bewußt aus dem Glauben und wurde so lebendiges Vorbild erneuerten Christseins.

Der hl. Papst Pius X. nannte Theresia die „größte Heilige der Neuzeit". Papst Pius XI., der sie als „Stern seines Pontifikats" bezeichnete, erhob sie 1927 zur Patronin der Weltmissionen. Als Antwort auf den materialistischen Atheismus erklärte er sie 1932 zur Patronin Rußlands. Papst Benedikt XV. pries besonders ihre Lehre vom „Kleinen Weg". Papst Paul VI. rief allen, die auf der Suche nach dem Wesentlichen sind, eindringlich zu, sich an Theresia von Lisieux zu wenden. Johannes Paul II.

schließlich unterstrich ihre Bedeutung durch einen persönlichen Besuch in Lisieux.

Mit Vorliebe wird Theresia von Lisieux die „kleine hl. Theresia" genannt. Darin verbirgt sich eine ganze Fülle von Aussagen über sie. Vor allem wird ihrem Wunsch, stets „klein" zu bleiben, dadurch Rechnung getragen. Bis zum heutigen Tag übt sie deshalb eine starke Anziehungskraft auf alle „Kleinen" aus. So spannt sich der Bogen jener, denen sie Vorbild und Vertraute geworden ist, von der Kirchenspitze bis hin zu den Allerkleinsten und Niedrigsten.

Theresia selbst findet sich im Bild der „kleinen Blume" wieder. In den Ländern der dritten Welt wird sie, voll Vertrauen auf die fast unbegrenzte Macht ihrer Fürbitte, vor allem als „kleine Blume" angerufen. Viele erkennen in der „kleinen Blume" ihre eigene Identität. Wie Theresia leben sie meist unbeachtet, verborgen und scheinbar bedeutungslos. Sie, die Schlichte und Nachahmbare, wird zu ihrer Heiligen, zur „Heiligen des Alltags". „Kleine hl. Theresia", „größte Heilige der Neuzeit", „kleine Blume", „Heilige des Alltags" … all diese Namen und Bilder zeigen Theresia nur unvollständig, so wie eine flüchtig hingeworfene Skizze.

Lange noch könnte man diese Aufzählung fortsetzen. Unverzeihlich aber wäre es, wollte man Theresia als „die Heilige mit den Rosen" verschweigen. Einem kometenhaften Aufstieg gleich verbreitete sich ihre Verehrung zu Beginn des 20. Jahrhunderts über die ganze Welt. Es schien geradezu unmöglich, ihr Bild ohne Rosen darzustellen. Sie sollen an ein kühnes Versprechen der Heiligen erinnern: „Ich werde meinen Himmel damit verbringen, Gutes zu tun auf Erden. Nach meinem Tode werde ich Rosen regnen lassen."

Theresia hegte den brennenden Wunsch, auch nach ihrem Tod für die Verherrlichung des Herrn arbeiten zu können. Sie war überzeugt, daß Gott ihr keine Wünsche eingab, die er nicht erfüllen wollte. Deshalb sagte sie: „Ich rechne bestimmt damit, im Himmel nicht untätig zu bleiben. Mein Wunsch ist, weiter für die Kirche und die Seelen zu arbeiten. Ich bitte den lieben Gott darum, und ich bin sicher, daß er mich erhören wird." [2]

Und Gott erhörte sie! Theresia, die als junge Schwester am liebsten durch die ganze Welt geeilt wäre, um sie für den Herrn zu gewinnen, sah nach ihrem Tod diesen Traum Wirklichkeit werden. Von Nord bis Süd, von Ost bis West erwies sie sich als mächtige Fürsprecherin, ließ ihre Rosen regnen und öffnete so die Herzen für den Herrn.

Der »Rosenregen«, ein längst vergriffenes, vielbändiges Werk, enthält eine Auswahl von Berichten, die das Wirken Theresias nach ihrem Tod bezeugen. Auf eng bedruckten, vergilbten Blättern lesen wir von Bekehrungen, Heilungen und Schutz in Gefahren aller Art. Theresia half inmitten von Bombenhagel, bei Unfällen, schützte vor Dieben, Feuer, wilden Stieren …

In unseren Tagen hat sich der Rationalismus breiter Schichten der christlichen Bevölkerung bemächtigt. Mehr als fünfzig Jahre nach der Heiligsprechung Theresias läßt uns ihr Rosenregen kalt. Wunderbare Heilungen und Bekehrungen reduzieren wir auf Selbsttäuschung und Suggestion. Zum Anruf um Hilfe fehlen uns Glaube und Vertrauen. Heilige haben uns nichts mehr zu sagen. Was bleibt vom rosenbedeckten Land, ist eine Wüste des Glaubens. Mitleidig belächeln wir das Bild vom rosenstreuenden Mädchen und überhören die wahre Botschaft der Heiligen. Ohne Orientierung irren viele durch die Wüsten ihres Lebens. Ungehört schreien die Ungeliebten und Ungewollten dieser Welt ihren Schmerz hinaus in die Wüste ihrer Einsamkeit. Von ihren Leidenschaften versklavt, verfangen sich die Süchtigen in der Wüste ihrer Unfreiheit. Vergeblich suchen Ungläubige und Gottlose Sinn und Glück in der Wüste ihrer Gottesferne. Auf einem Trümmerfeld zerschlagener Werte quälen sich Verzweifelte in der Wüste ihrer Hoffnungslosigkeit.

In Zeiten der Drangsal läßt Gott sein Volk nie allein. Er spricht durch den Mund von Propheten und durch das Zeugnis der Heiligen. Er erwählt jene Menschen, die bereit sind, die ihnen verliehenen Gaben Gottes anzunehmen und zum Segen für ihre Brüder und Schwestern wirksam werden zu lassen. Propheten und Heilige sind immer Antwort Gottes auf die Nöte der Zeit. Hinein in die Glaubenswüste des zwanzigsten Jahrhunderts setzt Gott selbst ein Zeichen der Hoffnung. Eine Karmelitin, die sich in ihrer Glaubensnacht mit den Atheisten und Gottlosen verbrüdert, erblüht zu einer Rose der Hoffnung in der Wüste unserer Glaubenslosigkeit. Durch sie spricht Gott heute eindringlich zu uns und lädt uns ein, auf seinen Ruf zu achten. Unserem Schrei aus der Wüste antwortet Gott mit der Heiligen von Lisieux – der „Rose in der Wüste".

Geliebt von Anbeginn

Eine Brücke und der plötzliche Impuls einer jungen Frau standen am Beginn einer ungewöhnlichen Ehe. Es war der sympathische und gutaussehende Ludwig Martin, der auf der Orne-Brücke in Alençon an Zélie Guérin vorüberging und ihre Aufmerksamkeit erregte. Sie blickte ihn an und wußte, daß sie in diesem Augenblick dem Mann begegnet war, den Gott für sie bestimmt hatte. Eigentlich wären beide gern in ein Kloster eingetreten, gezwungen durch äußere Umstände konnten sie allerdings ihr Vorhaben nicht ausführen. Gott hatte andere Pläne mit diesen beiden jungen Menschen, und er selbst schlug die Brücke zwischen ihren Herzen. Sie, die geübt waren, auf Gott in ihrem Inneren zu hören, erkannten, daß es seinem Willen entsprach, ein gemeinsames Leben zu beginnen.

Schon drei Monate nach der schicksalhaften Begegnung auf der Brücke wurde Verlobung und bald danach Hochzeit gefeiert. Um Mitternacht des 14. Juli 1885 besiegelte das Paar seinen Lebensbund. Zélie Guérin bedeutete es sehr viel, daß gerade in dem Jahr ihrer Vermählung die Gottesmutter einem Kind in Lourdes erschienen war. Freilich konnte sie damals nicht ahnen, daß einmal ihre jüngste Tochter in genialer Weise der Welt verkünden sollte, daß sich der Himmel den Kleinen offenbart und daß Kinder dem Herzen Gottes am nächsten stehen. Und von Kindern, vielen Kindern, die sie alle für den Himmel erziehen wollte, erhoffte Zélie die Erfüllung ihrer Ehe und ihres Lebens. Frau Martin wurde nicht enttäuscht. Neun Kindern durfte sie das Leben schenken, und sie bezeugt: „Als wir … unsere Kinder bekamen … lebten (wir) nur noch für sie, und das war unser ganzes Glück … Für mich waren die Kinder der schönste Lebensinhalt …" [14]

Materielle Sorgen kannte das Ehepaar Martin glücklicherweise nicht. Der gelernte Uhrmacher Ludwig Martin betrieb ein Juweliergeschäft. Zélie Martin hingegen war eine wahre Künstlerin bei der Herstellung der kostbaren Alençon-Spitzen. Sie entwarf selbst die Vorlagen und beschäftigte einige Heimarbeiterinnen. Mit unermüdlicher Energie widmete sie sich ihrer kunstgewerblichen und einträglichen Betätigung.

Aus den zahlreichen und innigen Briefen, die Zélie Martin an ihre Schwägerin Celine Guérin schrieb, erfahren wir von den Freuden und Leiden der Familie Martin. Oft mußten die Eltern Martin um Leben und Gesundheit ihrer Kinder bangen. Zwei Söhne und zwei Töchter sahen sie sterben. Zélies Glaubensstärke bleib jedoch ungebrochen, wie auch ihre vertrauensvolle Hingabe an den Willen des Herrn. An ihre Schwägerin schrieb sie: „Wenn ich meinen lieben Kleinen die Augen schloß und sie in den Sarg legte, fühlte ich den Schmerz sehr, war aber immer ergeben. Ich beklagte die Sorgen und Mühen, die sie mir bereiteten, nicht …" [14]

Energie, Leistungsfähigkeit und Zielstrebigkeit einerseits, Selbstverleugnung und Verfügbarkeit für den Willen Gottes andererseits prägten das Wesen Zélies. Diese Eigenschaften sollten sich einmal in besonderer Weise auf ihre jüngste Tochter vererben.

Zélie Martin war bereits 41 Jahre alt, als Franziska Maria Theresia, ihr letztes Kind, am Abend des 2. Januar 1873 in Alençon das Licht der Welt erblickte. Mit Dankbarkeit und großer Freude wurde die Ankunft des Nesthäkchens von ihren Eltern und ihren vier Schwestern begrüßt. Getragen- und Gehaltensein in Liebe, Lächeln und Zärtlichkeit gehörten zu Theresias ersten Erinnerungen. Sie bekennt in einem ihrer Briefe: „Mein Leben lang gefiel es … Gott, mich mit Liebe zu umgeben. Meine ersten Erinnerungen sind schon erfüllt mit Lächeln und zarten Liebkosungen …"[22]

Theresia erfährt die bedingungslose und innige Liebe ihrer Eltern. In den Armen ihrer Mutter kann ihr nichts Böses geschehen, nichts kann sie dem Herzen ihres Vaters entreißen. Sie ist seine „kleine Königin", nicht nur dem Namen nach, sondern vor allem durch die geistigen Schätze, die ihr zuteil werden und die für alle Kinder den größten Reichtum bedeuten: Zuwendung an Zeit, Verstehen, Verzeihen und viel, viel Zärtlichkeit. Theresia hat das Glück, bedingungslos geliebt zu werden. Diese Erfahrung prägt sich unauslöschlich in ihrem Herzen ein. Selbst die dunkelsten Ereignisse in ihrem Leben können diese Urgewißheit nicht antasten. Sie wird immer an die Macht und Existenz der Liebe glauben. Die spätere „Heilige des Vertrauens" wird sagen: „Das Wort Jobs: ‚Und sollte Gott mich töten, ich setze dennoch meine

14

Hoffnung auf Ihn' hat mich von Kindheit an bezaubert …"[13]

Das Elternhaus und die Person Theresias bestätigen ein psychologisches Grundgesetz. Zuwendung und Liebe, die in die Kinder investiert werden, lohnen sich und tragen reiche Frucht. Die Chancen der Eltern sind groß, ein Licht in der Seele ihrer Kinder zu entzünden, das auch die Dunkelheiten des Lebens nicht ersticken können.

Dunkle Jahre

Die vierjährige Theresia hat ein offenes, gutes Herz, besitzt ein helles, eigensinniges Köpfchen und ist lebhaft und aufgeweckt. Ihr sorgloses und sonniges Leben wird plötzlich von einem schlimmen Ereignis überschattet. Der Tod raubt ihr die geliebte Mutter und schlägt ihrem Herzen eine Wunde, die sie bis in die Wurzeln ihrer Existenz verletzt. Zehn Jahre lang werden die Narben dieser Wunde in vielgestaltiger Weise immer wieder aufbrechen und die Gesundheit des Leibes und der Seele gefährden. Theresia bezeichnet jene Zeit als die leidvollste ihres Lebens. Mit einem Schlag verändert sich die glückliche und sonnige Wesensart des Kindes. Theresia wird schüchtern, weinerlich, in sich gekehrt und über alle Maßen empfindlich. Auf Schritt und Tritt wird sie an die entstandene Lücke erinnert.

So beschließt Herr Martin bald nach dem Tod seiner Frau, das Haus in Alençon zu verkaufen. Nichts ist naheliegender, als sich bei Verwandten in Lisieux, einem

Städtchen der Normandie, niederzulassen. Mit dem dort wohnenden Apotheker Isidore Guérin und seiner Familie verbindet ihn eine innige Freundschaft.

Herr Martin erwirbt „Les Buissonets", ein freundliches, geräumiges Haus, das von einem großen Garten umgeben ist. Bald fühlt sich Theresia in Lisieux zu Hause. Gerne und oft besucht sie ihre Verwandten, die sie mit Liebe und Fürsorge umhegen. Mit Marie, der jüngeren der beiden Kusinen, erfindet sie zahlreiche Spiele. Am fröhlichsten ist sie jedoch im Kreis der eigenen Familie. Die beiden ältesten Schwestern, die siebzehnjährige Marie und die sechzehnjährige Pauline, verstehen es in bewundernswerter Weise, das Hauswesen zu führen und die Kleinen hingebungsvoll zu erziehen.

Der Vater spielt für Theresia die entscheidendste Rolle. Seiner eigenen Liebe fügt er noch die der verstorbenen Mutter hinzu. Er wird der unzertrennliche Gefährte von Theresias kindlichen Spielen und denkt sich Tausende von kleinen Überraschungen aus, um seiner „kleinen Königin" Freude zu machen. Wenn er sie mit zum Angeln nimmt, erfreut sie sich an den Schönheiten der Natur, wenn sie einem Armen begegnen, darf Theresia ihm Almosen bringen. Tief prägen sich auch die Abendspaziergänge in ihr Gemüt ein. Sie lehnt ihr Köpfchen an die Schulter ihres „Königs" und betrachtet unbekümmert den glitzernden Sternenhimmel. Vom Vater geführt, kann sie nicht fallen oder auf einen falschen Weg geraten.

Das Bild ihres Vaters überträgt Theresia auf Gott. In einem Brief an „ihren König" ist zu lesen: „Wenn ich an

16

dich denke, mein geliebtes Väterchen, dann denke ich ganz von selbst an den lieben Gott ...“ [2] Beim Vater sein bedeutet für Theresia glücklich sein. Ihre Beziehung zum himmlischen Vater beschreibt sie mit den Worten: „Dies ist für mich der Himmel auf Erden: immer in seiner Gegenwart bleiben, ihn meinen Vater zu nennen und sein Kind zu sein.“ [19]

Ihr Vater festigt das schon in frühester Kindheit gelegte Fundament, auf dem die Grundaussage ihrer künftigen Botschaft steht: „Niemals kann man zuviel Vertrauen auf den gütigen Gott haben. Man erhält alles von ihm nach dem Maß des Vertrauens.“

Ludwig Martin liebt seine Tochter über alle Maßen, und auch Theresia hängt mit jeder Faser ihres Herzens an ihrem Vater. Während einer Reise ihres vielgeliebten „Königs“ schaut sie die sogenannte „prophetische Vision“: Ein mit Sonnenglanz erfüllter Nachmittag lockt Theresia an das Fenster. Sie blickt in den Garten und bewundert das Grünen und Blühen, die Vögel und den Himmel. An jenem Tag macht die Natur einen festlichen Eindruck, und Theresia ist voll heiterer Gedanken. Plötzlich erblickt sie vor dem Waschhaus einen Mann, ihrem Vater ähnlich, mit gleicher Kleidung, gleicher Größe und gleichem Gang. Sein Kopf ist verhüllt, seine Gestalt gebeugt. Gleichmäßig schreitet er durch den Garten und verschwindet hinter einer Baumgruppe. Bei seinem Anblick erfaßt Theresia ein unheimliches Grauen, das sich noch mehr verstärkt, als sie die geheimnisvolle Gestalt ruft und keine Antwort erhält.

Dieses schreckliche Gesichte dauert nur einen Augenblick, aber sie prägt sich tief in ihre Erinnerung ein. Immer wieder versucht sie, ihre Bedeutung zu entschlüsseln. Vierzehn Jahre muß Theresia warten, bis sie deren Sinn erkennt.

Von dieser bedrückenden prophetischen Schau abgesehen, verlaufen die Jahre in den „Buissonnets" glücklich und ruhig. Dies sollte sich bald ändern!

Zur Zeit Theresias erhalten die Kinder in Frankreich die ersten Grundlagen der Bildung im Elternhaus. Aus diesem Grund tritt Theresia erst mit achteinhalb Jahren in das Halbpensionat der Benediktinerinnen ein. Dort verbringt sie, wie sie später bekennt, die traurigsten fünf Jahre ihres Lebens. Sie ist die jüngste und zugleich vorgerückteste Schülerin ihrer Klasse. Ihrer Erfolge wegen zieht sie sich die Mißgunst ihrer Kameradinnen zu und muß auf vielfache Weise dafür büßen. Sie wird das Opfer von Gehässigkeiten und Quälereien. Schweigend leidet sie, ohne sich zu wehren oder zu beklagen. Zu den einfachen Spielen der Gleichaltrigen findet Theresia keinen Zugang. Sie langweilt sich und wird zur Außenseiterin. Die „kleine Königin", der Mittelpunkt und Sonnenschein der „Buissonnets", wird ungesellig, unbeachtet, schüchtern und schweigsam.

Nach zwei Jahren Pensionatsleben gewinnt Theresia eine Freundin, die ihr aber schon nach einigen Monaten der Abwesenheit gleichgültige Blicke zuwirft. Die Lehrerinnen schätzen und anerkennen wohl ihre überdurchschnittliche Begabung und ihre guten Leistungen, doch Theresia versucht nicht, dadurch deren Bevorzugung zu erlangen. Der einzige Versuch, die besondere Gunst einer Lehrerin zu gewinnen, bleibt ohne Erfolg.

All dies bewahrt Theresia davor, ihr Glück von menschlicher Zuneigung abhängig zu machen. Sie wird die klägliche Rolle, die sie im Pensionat spielt, später folgendermaßen deuten: „O glückliches Unvermögen, wieviel Nöte hat es mir erspart! ..." [22]

Noch aber ist Theresia ein empfindsames Kind. Auf Geborgenheit und Anerkennung kann sie nicht verzichten. Die Familie ist für sie unentbehrlich. Wie in einen wahren Gesundbrunnen taucht sie jeden Abend in ihr unter. Sie braucht die Nestwärme, die sie dort bekommt, wie die Blume die Sonne: „Zum Glück kehrte ich allabendlich ins Vaterhaus heim. Hier lebte mein Herz auf, ich sprang auf die Knie meines Königs, erzählte ihm von den erhaltenen Noten, und sein Kuß ließ mich all meinen Kummer vergessen ..." [22]

Keine Klage kommt über ihre Lippen. Mit keinem Laut verrät sie etwas von den Qualen, die sie in der Schule erduldet. Gegen ihre Überempfindlichkeit und ihren Hang zu Tränen kann sich Theresia auch in den „Buissonnets" nicht wehren. Doch mächtiger als alle Tränen sind die fröhliche Unbefangenheit und Liebenswürdigkeit Theresias, die ihre Schwächen überdecken. Selbst über diese dunklen Kindheitstage kann Theresia sagen: „(Meine) Seele erblühte in ihrer ganzen Frische, wie eine Blume, die sich freut, den Morgentau zu empfangen." [22] In all diesen düsteren, für ihr Gemütsleben bedrohlichen Jahren verliert Theresia nichts von der Geradheit und Einfachheit ihres Herzens.

Die Familie ahnt offenbar nichts von der Doppelrolle und den psychischen Spannungen, in denen sich Theresia befindet. Wie sonst wäre es verständlich, daß Pauline, die liebevoll die verstorbene Mutter ersetzt, ausgerechnet in dieser schwierigen Entwicklungsphase der Kleinen in den Karmel eintritt und sie somit einer Belastung aussetzt, der Theresia nicht gewachsen ist.

Zufällig wird Theresia Zeuge eines Gesprächs, das Pauline mit Marie über ihren bevorstehenden Klostereintritt führt. Wie ein Schwert bohren sich die gehörten Worte in ihr Herz. „In einem Augenblick begriff ich, was das Leben ist … Es zeigte sich mir in seiner ganzen Wirklichkeit, ich sah, daß es nur Leid ist und beständige Trennung …" [22]

Der Abschied erfolgt bald. Am 2. Oktober 1882 schließen sich hinter Pauline die Pforten des Karmels von Lisieux. Die Erschütterung über diesen Verlust löst bei Theresia einige Monate später eine lebensbedrohende, merkwürdige Krankheit aus. Sie wird abwechselnd von Zittern und Ohnmacht befallen, sagt Worte ohne Sinn und tut Dinge, ohne sie zu wollen. Die Kunst des Arztes versagt. Trotz der liebevollsten Pflege muß das Schlimmste befürchtet werden. Lassen wir Theresia selbst berichten:

„… ein Wunder … war nötig, um mich zu heilen … und Unsere Liebe Frau vom Siege hat es gewirkt. Da sie auf Erden keinerlei Hilfe fand, hatte sich auch die arme kleine Theresia ihrer himmlischen Mutter zugewandt und bat sie von ganzem Herzen, sich doch endlich ihrer zu erbarmen … Plötzlich erschien mir die Mutter Gottes schön, so schön, daß ich nie Schöneres gesehen hatte, ihr Antlitz atmete unaussprechliche Güte und Zärtlichkeit. Was mir aber bis ins Innerste der Seele drang, das war das ‚bezaubernde Lächeln der seligsten Jungfrau'. Da zerstoben alle meine Leiden … Ohne jede Anstrengung senkte ich die Augen und sah Marie … Als sie meinen Blick unverwandt auf die Statue gerichtet sah, hatte sie sich gesagt: ‚Theresia ist geheilt!'" [22] (Neben dem Krankenbett Thersias stand eine Marienstatue, die im Augenblick der Heilung lebendig wurde.)

Ein Lächeln der Jungfrau hat Theresia geheilt. Doch der traurigste Abschnitt ihres Lebens ist noch nicht zu Ende. Ihre innere Zerrissenheit bedarf eines zweiten Wunders. Noch ist ihre Seele verletzt. Nun wird sie von der schrecklichen Krankheit der Skrupel befallen. Darüber schreibt Theresia: „Man muß dieses Martyrium durchgemacht haben, um es recht zu verstehen. Unmöglich könnte ich wiedergeben, was ich während anderthalb Jahren gelitten habe … Alle meine Gedanken und meine einfachsten Handlungen wurden für mich Anlaß zur Verwirrung …" [22]

Das tief verwundete und von Skrupeln geplagte Herz der kleinen Theresia muß noch zweimal den Schmerz einer Trennung ertragen. Ihre Schwester Celine, die gemeinsam mit Theresia das Pensionat besucht, beendet ihre Schulzeit. Wiederum erkrankt Theresia. Sie wird aus der Schule genommen und erhält Privatstunden bei einer gebildeten alten Dame. Kurz darauf tritt Marie, deren Trost, Führung und Rat Theresia unentwegt in

Anspruch nimmt, ebenso wie ihre Schwester Pauline, in den Karmel von Lisieux ein.

Trennung, Trennung, immer wieder Trennung! Immer wieder wühlt ein neuer Schmerz die alte Wunde auf und nährt einen bereits angeborenen Hang zu nervösen Reaktionen, Überempfindlichkeit und leichter Überreizbarkeit.

Aller Belastung und Zerrissenheit zum Trotz sieht Theresias „zweites Herz", ihr wahres Herz, verblüffend anders aus. Ungewöhnliche Reife und Offenheit verbergen sich in diesem kleinen Persönchen. Die vielen Dunkelheiten des Lebens können ihren Glauben nicht erschüttern. Ihre erste hl. Kommunion wird zu einem gewaltigen Erlebnis. In einem wunderbaren Bild gewährt sie uns Einblick in ihre Seele:

„O wie wohltuend war der erste Kuß Jesu in meiner Seele! … Es war ein Kuß der Liebe, ich fühlte mich geliebt, und auch ich sprach: ‚Ich liebe dich und schenke mich dir für immer' … seit langem hatten sich Jesus und die arme kleine Theresia angeblickt und verstanden … An diesem Tag aber war es nicht mehr ein Blick, sondern ein Aufgehen ineinander, sie waren nicht mehr zwei, Theresia war verschwunden, wie der Wassertropfen im weiten Meer sich verliert. Jesus allein blieb, er war der Herr, der König …" [22]

Diese lebendige Beziehung zum eucharistischen Herrn beeinflußt auch die Gestaltung jener Nachmittage, die Theresia noch nach Beendigung ihrer Pensionatszeit in der Abteischule zubringt. Sie erzählt:

„Da sich niemand um mich kümmerte, stieg ich auf die Empore der Kapelle und blieb vor dem Allerheiligsten bis zum Augenblick, da Papa mich holen kam ... War denn nicht Jesus mein einziger Freund? ... Nur mit ihm wußte ich zu reden ..." [22]

In dieser Zeit empfindet Theresia auch eine unbändige Lust zum Lesen. Bei der Unzahl von Büchern, die durch ihre Hände gehen, stößt sie auf Jeanne d'Arc. Mit dieser um 1890 noch nicht heiliggesprochenen französischen Heldin fühlt sie eine Seelenverwandtschaft und ist zeit ihres Lebens von ihr gefesselt. Noch kurz vor ihrem Tod wird sie in Hinblick auf diese Heilige bekennen:

„... in meiner Kindheit ... träumte (ich davon), auf Schlachtfeldern zu kämpfen ... in der Einsamkeit des Karmels begriff ich, daß meine Sendung nicht darin besteht, einen sterblichen König zu krönen, sondern den König des Himmels lieben zu lehren und ihm das Königreich der Herzen zu unterwerfen." [2]

In diese leidvollsten Jahre ihres Lebens fällt auch der Entschluß, Karmelitin zu werden. Wir müssen ihr wohl Glauben schenken, wenn sie sagt: „... es war nicht der Traum eines Kindes, das sich mitreißen läßt, sondern die Gewißheit eines Göttlichen Rufes. Ich wollte in den Karmel nicht um Paulines willen, sondern für Jesus allein ..." [22]

Doch Theresia muß den Weg zum Karmel hart erkämpfen. Sie ist erst neun Jahre alt, und noch immer treffen die folgenden Worte auf sie zu: „Meine übergroße Empfindlichkeit machte mich wirklich unausstehlich. Wenn es vorkam, daß ich unabsichtlich einen mir lieben Menschen ein bißchen kränkte, so ließ ich, statt mich zu überwinden und nicht zu weinen, den Tränen freien Lauf ... was meinen Fehler nur größer machte, statt ihn zu vermindern, und wenn ich mich endlich über die Sache selbst zu trösten begann, weinte ich darüber, geweint zu haben ... Alle Vernunftgründe waren nutzlos, ich vermochte mich nicht von diesem häßlichen Fehler zu befreien."[22]

Retuschierte Heiligenbilder haben uns heute nichts mehr zu sagen. Dankbar erkennen wir, daß auch Heilige den Weg von Sieg und Niederlage gehen. Die Kämpfe, die Theresia in ihrer Kindheit durchleidet, geben auch uns Mut zum Kämpfen. Die Worte des hl. Paulus erfüllen uns mit neuer Zuversicht: „Meine Gnade genügt dir, denn sie erweist ihre Kraft in der Schwachheit ..." (2 Kor 12, 9).

Ein ganzes Jahrzehnt, beinahe die Hälfte ihres Lebens, versucht Theresia vergeblich, ins seelische Gleichgewicht zu kommen. Sie strengt sich an, und sie betet. Dennoch fällt sie immer wieder. Erneut bemüht sie sich mit all ihren Kräften, doch die bleibende Frucht ist ihr verwehrt.

Auf ihrem Sterbebett faßt Theresia diese schwarzen und mit Traurigkeit beladenen Jahre in einem Bild zusammen: „Es war wie bei den Blüten eines Baumes. Diese Blüten sollten eigentlich zur rechten Zeit zu Früchten heranreifen. Aber ich sah diese Blüten immer wieder vorher abfallen ..."[13]

Zur Liebe befreit

Mit Blüten, die immer wieder abfallen, vergleicht Theresia die erfolglosen Anstrengungen während ihrer dunklen Jahre. Über diese Blüten breitet Jesus selbst behutsam seine Hände. Von nun an hindern sie weder Kälte noch Sturm, zu erlesenen Früchten heranzureifen. Der Herr beginnt sein Werk in der Weihnachtsnacht des Jahres 1886. „Es war am 25. Dezember 1886, da mir die Gnade zuteil wurde, der Kindheit zu entwachsen, kurz, die Gnade meiner vollständigen Bekehrung." [22]

An einer lächerlichen Kleinigkeit wird Theresias Verwandlung zum ersten Mal sichtbar: Als Theresia von der Mitternachtsmette heimkommt und – wie es in Frankreich Brauch ist – aus den Schuhen ihre Weihnachtsüberraschungen hervorziehen will, sagt der Vater ärgerlich: „Nun, gottlob, ist es das letzte Jahr." [22] Die Äußerung des Vaters trifft Theresia mitten ins Herz. Nach dem Gesetz der dunklen Jahre müßten tausend Tränen fließen, und eine neue Blüte sollte fallen. Doch: „Theresia war nicht mehr die gleiche. Jesus hat ihr Herz umgewandelt! … In einem Augenblick hatte Jesus vollbracht, was mir in zehnjähriger Anstrengung nicht gelungen war …" [22]

Theresia kann ihre Tränen zurückdrängen, stellt die Schuhe vor den Vater und holt fröhlich alle Geschenke hervor. Theresias „Bekehrung" ist vollständig. Ihr dritter Lebensabschnitt, „der schönste von allen" [22], beginnt. Sie sagt darüber: „… seit jener gesegneten Nacht wurde ich in keinem Kampf besiegt, im Gegenteil, ich schritt von Sieg zu Sieg und begann sozusagen ‚wie ein Riese zu laufen'! …" [22] Die Ketten ihres Ichs sind gesprengt. „Ja, ich fühlte die Liebe in mein Herz einziehen, das Bedürfnis, mich selbst zu vergessen, um (anderen) Freude zu machen, und von da an war ich glücklich! …" [22]

Schnell gewinnt sie eine sichere Herrschaft über ihre Handlungen und kann sich mit Leichtigkeit und Natürlichkeit überwinden, so daß niemand die Kämpfe ahnt, die sich in ihrem Inneren abspielen.

Von innerer Freiheit getragen und beflügelt, verwandelt sich Theresia in ein strahlendes junges Mädchen, voll schlichter Güte und Freundlichkeit und einem ungewöhnlichen Liebreiz. Ihre Schwester Celine erklärt, Theresia habe etwas an sich gehabt, das sie bei andern nie gefunden habe … eine Verbindung von Übernatur und Natürlichkeit, die Theresia ihren einzigartigen Charme verlieh. Der Notariatsschreiber Rixe, ein Zeitgenosse Theresias, bezeugt: „Man schaute zurück, um ihm nachzublicken, dem Töchterchen mit dem goldenen, reichen Haar."

Zu dem wiedergewonnenen glücklichen Naturell Theresias gesellt sich eine fast unbegrenzte äußere Freiheit. Ganz nach ihrem Belieben kann sie den Tag einteilen und gestalten. Viel Zeit verbringt sie damit, ihren unbändigen Wissensdurst, der sich vor allem auf Geschichte und Naturkunde erstreckt, zu stillen. Sie liebt besonders die langen Gespräche mit Celine. Jeden Abend bewundern sie gemeinsam die schlafende Natur und tauschen den Reichtum ihrer Seelen aus. Sie führen das angenehmste Leben, das sich junge Mädchen erträumen können. Es ist der „Inbegriff des Glücks auf Erden" [22].

Theresia ist zu einer Rose erblüht, an der keine Dornen mehr hängen. Aber diese Rose will weder Ehre noch Bewunderung. Sie ist einzig und allein darauf ausgerichtet, anderen Freude zu machen, anderen Liebe zu erweisen. Vor allem und zuerst will sie auf die Liebe des Herrn antworten, seinen Ruf hören, seine Wünsche erfüllen und seine Sehnsucht stillen. Lange schon ist Theresia von einer tiefen Liebe zu Jesus erfaßt. Jetzt, nach ihrer Weihnachtsbekehrung, wird diese Liebe zu einem Feuer.

An einem Julisonntag des Jahres 1887 hat sie ein entscheidendes religiöses Erlebnis. Beim Schließen ihres Gebetbuches rutscht zwischen den Blättern das Eckchen eines Andachtsbildchens hervor, so daß die durchbohrte Hand des Gekreuzigten sichtbar wird. Mit tiefer innerer Betroffenheit sieht sich Theresia der Wirklichkeit des Leidens gegenüber und ist erschüttert bei dem Gedanken, daß das Blut des Herrn für viele vergeblich vergossen wurde. Zugleich hört sie mit hingegebenem Herzen den Schrei Jesu am Kreuz: „Mich dürstet!" Und Theresia begreift: Der Herr dürstet nach den Verlorenen. Von nun an will Theresia an der rettenden Liebe Jesu, an seinem Opfer und an seinem Kreuz teilhaben. Ihr Einsatz gilt den Menschen am Abgrund. Für die Sünder ist sie bereit, mitzutragen am Erlösungsleiden des Herrn.

Zu dieser Zeit erregt in ganz Frankreich der „Fall Pranzini" großes Aufsehen. Pranzini, ein italienischer Gewohnheitsverbrecher, hatte in Paris bei einem Raubüberfall drei Menschen ermordet. Er wurde zum Tode verurteilt, sieht aber seiner Hinrichtung verstockt und zynisch entgegen. Theresia, die im Haus ihres Vaters keine Zeitung lesen darf, erfährt durch Konversation von dem kaltblütigen Verbrecher. Nun steht tatsächlich ein Mensch, beladen mit ungeheurer Schuld und gänzlich ohne Reue, unmittelbar vor dem Abgrund. Sie sieht den Preis, der für ihn am Kreuz bezahlt wurde, und mit einer

Liebe, die „alle erdenklichen Mittel" [22] zu finden und einzusetzen weiß, versucht sie, Pranzini zur Umkehr zu bewegen. Theresia erlebt eine für sie einzigartige Gnade. Der Herr schenkt ihr ein sichtbares Zeichen für die Bekehrung ihres „ersten Sünders":

„Trotz des Verbotes, das Papa für uns erlassen hatte, irgendeine Zeitung zu lesen, glaubte ich nicht ungehorsam zu sein, wenn ich die Stellen las, die von Pranzini handelten. Am Tage nach seiner Hinrichtung fällt mir die Zeitung »La Croix« in die Hand. Ich öffne sie hastig, und was sehe ich? ... Pranzini hatte nicht gebeichtet, er hatte das Schafott bestiegen und wollte eben seinen Kopf in das grausige Loch stecken, als er plötzlich, einer jähen Eingebung folgend, sich umwendet, das Kruzifix ergreift, das ihm der Priester hinhielt, und dreimal die hl. Wunden küßt! ..." [22]

Dieses Zeichen Gottes erfüllt Theresia mit Dankbarkeit und spornt sie zu weiterem Einsatz an. Täglich wächst ihre Sehnsucht, an der Rettung der Welt mitzuwirken. Diese Gesinnung faßt Theresia in dem Satz zusammen: „Ich muß den Himmel gewinnen, ja, aber zuerst für die Sünder."

Schatz im Acker

Deutlich erkennt Theresia den Karmel als Weg zu ihrem Ziel. Dort weiß sie ihren Platz, den Gott ihr zugedacht hat. Am Fuß des Kreuzes will sie durch Gebet und Opfer an der Erlösung Christi mitwirken. Schon als Neunjährige hat sie mit Sicherheit ihre Berufung in den Karmel erkannt. Nun erfaßt sie Eile. Mit unstillbarer Sehnsucht will sie so rasch als möglich ihr erstrebtes Ziel erreichen: „… der Göttliche Ruf war so drängend, daß, hätte ich durchs Feuer gehen müssen, ich es getan haben würde, um Jesus treu zu sein …"[22]

Der Karmel ist jener Acker, in dem Theresia den „verborgenen Schatz" (vgl. Mt 13, 44) vergraben weiß. Ihn will sie um jeden Preis erringen. Dafür ist sie bereit, alles zu verkaufen. Ein Leben im Karmel ist ein hoher Preis.

Es bedeutet Verzicht auf die Nähe des geliebten Vaters, Verzicht auf Wohlstand, Verzicht auf Ehe … Immer wieder Verzicht. Theresia kennt den Acker, den sie erwerben will. Sie hat keine falschen Vorstellungen vom Leben im Karmel, das sie anzieht. Sie weiß um das tägliche sechs bis sieben Stunden währende Gebet, den streng eingeteilten, mit viel Arbeit ausgefüllten Tag. Sie schreckt nicht zurück vor einer dürftig ausgestatteten Zelle mit Bett und Tisch, aber ohne Kasten und Heizung. Theresia ist bereit, die Härten des Fastens zu ertragen. Sie nimmt es in Kauf, mit Menschen auf engstem Raum zusammenzuleben, die sie sich nicht selbst ausgesucht hat. Der Karmel – das ist die „Wüste".[22] Theresias Acker ist eine „Wüste" aus Schweigen, Einsamkeit, Demütigung, Unterwerfung, Verzicht, Entbehrung und Kreuz. Ihr angestrebtes „Königreich des Karmels" ist ein Leben „Auge in Auge mit Gott in der Nacht" (Ausspruch von Elisabeth von Dijon). Es ist kompromißlose Nachfolge des betenden und kreuztragenden Herrn.

Das umhätschelte Töchterchen aus wohlhabendem Haus hat keine Illusionen. Sie wird bestätigen: „… der liebe Gott hat mir die Gnade gewährt, bei meinem Eintritt in den Karmel *keine einzige* zu haben. Ich fand das Klosterleben so, wie ich es mir vorgestellt hatte ..."[22]

Theresia wird kein Opfer tiefenpsychologischer Fallstricke. Ihre Seele ist frei und gesund. Keine verdrängte Sexualität einer Fünfzehnjährigen ist erkennbar, kein Motiv zur Flucht aus der Welt gegeben. Ihre frühe Berufung ist außergewöhnlich und herausfordernd, unverständlich den Gottlosen, problematisch den Zweiflern und unangenehm den Lauen. Allein lautere und einfache Liebe drängt Theresia zum Karmel, Liebe, die alles übersteigt.

Doch ihre Berufung wird im Feuer erprobt. Zuallererst muß sie ihr Herz verleugnen, denn zwischen ihrem Herzen und dem ihres Vaters besteht ein einzigartiges und unzertrennliches Band. Wie niemand sonst ist Theresia der Sonnenschein ihres Vaters. Sie ist die Hoffnung seines Alters. Diesem vielgeliebten König muß Theresia ihre Sehnsucht offenbaren. Hart und schmerzhaft ist der Schritt zum Gespräch mit ihrem Vater.

Am Pfingstfest des Jahres 1887 kommt es zur entscheidenden Aussprache. Den ganzen Tag fleht Theresia zum Heiligen Geist und ruft die Apostel um ihre Fürsprache an, damit sie die richtigen Worte finde. Nach der Vesper schließlich nimmt sie all ihren Mut zusammen.

„(Der Vater) hatte sich an den Brunnenrand gesetzt und dort betrachtete er ... die Wunder der Natur ... ohne ein einziges Wort setzte ich mich neben ihn ... er schaute mich zärtlich an, nahm meinen Kopf, drückte ihn an sein

Herz und sagte: ‚Was hast du denn, meine kleine Königin? … vertrau mir das an …‘

… Unter Tränen gestand ich ihm … meine Sehnsucht, in den Karmel einzutreten. Da mischten sich seine Tränen in die meinen, aber er sagte kein Wort, um mich von meiner Berufung abzubringen, er begnügte sich, mich einfach darauf hinzuweisen, daß ich noch recht jung sei, um einen so schwerwiegenden Entschluß zu fassen. Aber ich verteidigte meine Sache so gut, daß Papa in seiner einfachen und geraden Art bald überzeugt war, daß mein Wunsch auch derjenige Gottes selbst sei, und in seinem tiefen Glauben rief er aus, der Liebe Gott erweise ihm eine große Ehre, indem er ihm so seine Kinder abverlange.“ [22]

Wie Abraham seinen Sohn Isaak zu opfern bereit war, so willigt Herr Martin ein, seine Tochter Gott darzubringen. Er stellt keine Bedingungen, gehorcht der Liebe und läßt sein Kind los. Kein Wort von Undank kommt über seine Lippen, kein Wort von Verlassenwerden in Krankheit und Alter. Im Gegenteil! Er bezahlt das Angeld für Theresias „Acker“ und wird ihr engster Verbündeter.

Kampf um den Karmel

In ihrem Vater hat Theresia einen unverbrüchlichen Verbündeten gefunden. Gemeinsam kämpfen und leiden sie. Wie die Mauern von Jericho türmen sich unbezwingbar erscheinende Widerstände auf: das Veto des Onkels, das Nein des Superiors und die erfolglose Reise zum Bischof. Theresia und ihr Vater geben nicht auf. Der Papst selbst soll Theresia die Erlaubnis erteilen, mit fünfzehn Jahren in den Karmel einzutreten.

Die Gelegenheit ist günstig: Anläßlich des goldenen Priesterjubiläums von Papst Leo XIII. wird von der Diözese Bayeux eine Pilgerreise nach Rom geplant. Ihr schließt sich Herr Martin mit seinen beiden jüngsten Töchtern, Celine und Theresia, an.

„O was war das auch für eine Reise! ... Sie allein hat mich mehr gelehrt als lange Studienjahre ..." [22]

Die wichtigste und weittragendste Erfahrung, die Theresia auf dieser Reise gewinnt, betrifft die Priester. Von Grund auf muß sie ihr idealisiertes, traditionsbehaftetes Priesterbild revidieren: „... Da ich ihnen in meinem Leben nie näher gekommen war, konnte ich den Hauptzweck der Reform des Karmels nicht verstehen. Für die Sünder beten, das begeisterte mich, aber für die Priester beten, von denen ich meinte, sie seien reiner als Kristall, das fand ich erstaunlich! ... Ach, in Italien habe ich meine Berufung verstanden. Eine so nützliche Einsicht war die weite Reise wert ..." [22]

Tief prägen Theresia die Erfahrungen dieser Reise. Sie wird bei ihrem Eintritt in den Karmel sagen: „Ich bin gekommen, um Seelen zu retten und besonders um für die Priester zu beten." [22] Im Gebet für die Priester sieht sie die wichtigste Aufgabe ihrer Berufung. Sie beschließt, „Apostel der Apostel" [22] zu werden. Auf dieser Reise kann nichts Theresias scharfer Beobachtungsgabe entgehen. Sie entdeckt, daß „nicht alles Gold ist, was glänzt". [22]

Titel und Namen blenden sie nicht. Befreit von ihrer Schüchternheit, unterhält sie sich ungezwungen mit Priestern und Adeligen ihres Pilgerzuges. Die Wunderwerke der Natur und Kunst ziehen Theresia in Bann. Sie hat nicht Augen genug, um alle Herrlichkeiten in sich aufzusaugen.

Tiefen Eindruck hinterläßt das Kolosseum in Rom. Mit Inbrunst will Theresia den Boden küssen, „den das Blut der ersten Christen gerötet hatte".[22] Doch der Zugang zur Arena ist verwehrt. Glücklicherweise entdeckt sie einen Trümmerhaufen, der bis zu der Stelle heranreicht, an der sie mit Celine steht. Unbemerkt, mutig und flink klettern die Mädchen die Ruinen hinunter, ohne auf den herabbröckelnden Schutt zu achten. An ihrem Ziel angelangt, knien sie nieder. Mit heftigem Herzklopfen berühren sie mit ihren Lippen den Sand.

Theresia kennt keine Angst und läßt sich von Konventionen nicht einengen. Sie folgt dem Drängen ihres Herzens. Selbst bei der Papstaudienz, dem Ziel und Höhepunkt der ganzen Reise, wagt sie es, trotz eines ausdrücklichen Verbotes, den Heiligen Vater anzusprechen. „Heiligster Vater, ich möchte Sie um eine große Gnade bitten! … erlauben Sie mir zu Ehren Ihres Jubiläums mit fünfzehn Jahren in den Karmel einzutreten! …" Die Antwort des Papstes ist kurz: „Nun gut, mein Kind … tun Sie, was die Oberen bestimmen werden." Da versucht es Theresia ein letztes Mal: „O Heiligster Vater, wenn Sie Ja sagten, wären alle einverstanden …" Mit fester Stimme erwidert Leo XIII.: „Schon gut … schon gut … Sie werden eintreten, wenn der Liebe Gott es will! …"[22]

Traurig und enttäuscht kehrt Theresia nach Lisieux zurück. Doch: „Im Grunde des Herzens empfand ich tiefen Frieden, da ich tatsächlich alles getan hatte, was in meinen Kräften stand, um dem Ruf Gottes Folge zu leisten. Aber dieser Friede ruhte ganz auf dem Grunde, während meine Seele von Bitterkeit erfüllt war, denn Jesus schwieg. Er schien abwesend, nichts verriet mir seine Gegenwart ...“ [22]

In dieser harten Bewährungszeit ihrer Geduld und ihres Vertrauens entdeckt Theresia ein Gesetz. Der Herr „lehrte mich, daß er denen, die Glauben gleich einem Senfkorn haben, Wunder gewährt ... für seine Vertrauten jedoch ... wirkt er keine Wunder, ohne vorher ihren Glauben zu prüfen ... So handelte Jesus auch an seiner kleinen Theresia: nachdem er sie lange geprüft, stillte er alles Verlangen ihres Herzens ...“ [22]

Knapp vier Monate nach der Audienz in Rom weichen alle Widerstände. Am 9. April 1888 öffnen sich für Theresia die Tore des Karmels.

Verborgen im Karmel

Vor der Türe zur Klausur des Karmels kniet Theresia nieder, um den Segen ihres Vaters zu empfangen. Herr Martin sinkt gleichfalls auf die Knie und segnet weinend sein Kind.

Ein paar Augenblicke später schließen sich die Tore hinter Theresia. Nun hat sie den ersehnten „Acker“ gewonnen. Auf der Suche nach dem verborgenen Schatz leitet sie die Grundidee: „Um etwas Verborgenes zu finden, muß man sich selbst verbergen."[2]

Drei Bilder, die Theresia wählt und auf sich selbst bezieht, geben ihre Auffassung vom verborgenen Leben treffend wieder. Sie vergleicht sich mit Maria von Bethanien, einer kleinen Lampe und einem Gänseblümchen.

Gleich Maria von Bethanien verbringt sie ihr Leben zu Füßen des Herrn. Sie opfert Jesus das Gefäß ihres Lebens. Es kümmert sie nicht, wenn es in Brüche geht. „… was tut's, wenn unsere Gefäße zerbrochen werden, da Jesus getröstet ist und die Welt, ob sie will oder nicht, den Wohlgeruch wahrnehmen muß, der ihnen entströmt, der die vergiftete Luft reinigt, den sie immerfort atmet."[2]

Theresia öffnet sich mit ganzem Herzen dem Herrn und erfüllt die Kirche mit ihrem „Duft". Sie ist von der Liebe und Güte Gottes überzeugt und erinnert uns neu an das Bild vom barmherzigen Vater. Sie wählt den Weg der Liebe und des Vertrauens. Statt auf die Leistung setzt sie auf die Liebe und ermutigt die Kleinen. Sie hört auf Gott und weckt damit die Schlafenden. Sie gibt sich hin und stärkt dadurch die Leidenden. Theresia kennt den Wert der Verborgenheit. Sie glaubt an die Fruchtbarkeit ihres Seins in Abgeschiedenheit und Stille.

In einem tiefsinnigen Gleichnis bringt sie ihre Überzeugung zum Ausdruck: „Schwester Maria von der Eucharistie wollte für eine Prozession die Kerzen anzünden. Sie hatte keine Streichhölzer. Da fällt ihr Blick auf die kleine Lampe, die vor den Reliquien brennt. Sie geht hin, aber ach, die Lampe ist halb erloschen … Dennoch gelingt es ihr, die Kerze anzuzünden, und mit dieser

Kerze werden die Kerzen der ganzen Kommunität angezündet. Diese kleine halberloschene Lampe hat also alle diese schönen Flammen hervorgebracht, die ihrerseits unendlich viele andere hervorbringen und sogar das ganze Universum in Brand stecken können. Immer aber würde man der kleinen Lampe den Ursprung dieser Feuersbrunst verdanken ...“ [13]

Wie eine kleine Lampe imstande ist, die Welt in Brand zu stecken, so kann ein einziger Mensch, der Gott liebt, die ganze Kirche zur größeren Liebe entflammen. Es ist ein Geheimnis des Herrn und seiner Gnade, daß kein Funke nutzlos verglüht. Auch dem allerkleinsten ist die Kraft verliehen, auf andere überzuspringen. In unzähligen Menschen entzündet die „kleine Lampe“ Theresia von ihrem Platz aus das Feuer der Gottes- und der Nächstenliebe, und sie hört auch heute nicht auf, dies zu tun.

Abgeschlossen von der Welt führt Theresia im Karmel ein zurückgezogenes und unauffälliges Leben. Sie erkennt sich in dem unscheinbaren Gänseblümchen wieder. Unzählige kleine Blumen übersäen die Fluren. Sie blühen schlicht und selbstverständlich. Niemand beachtet sie.

Die „kleine Blume“ Theresia sucht in keiner Weise die Aufmerksamkeit der Welt. Sie beneidet die „Rosen und Lilien“ der Kirche nicht. Sie schöpft ihre Kraft und Freude aus der Gewißheit, daß sie von Gott unvergleichbar, persönlich und unendlich geliebt wird. Wie die Sonne jede Blume bescheint, als wäre sie allein auf der Erde, so wendet sich der Herr jedem einzelnen zu, als gäbe es nur ihn. Theresia antwortet auf die persönliche Liebe des

Herrn mit kleinen Taten der Nächstenliebe, mit unge-
zählten, im verborgenen gebrachten Opfern.

„Sie trat bei uns ein, lebte und starb"

Der äußere Rahmen von Theresias Leben im Karmel ist
so unscheinbar, daß kurz vor ihrem Tod eine Mitschwester sagt: „Schwester Theresia wird bald sterben, was
wird unsere Mutter Priorin in ihrem Totenbrief schreiben
können? Sie trat bei uns ein, lebte und starb – mehr ist
wirklich nicht zu sagen."[8]

Theresias Lebensstationen im Kloster sind rasch auf-
gezählt: 1888 Eintritt in den Karmel, 1889 Einkleidung,
1890 Profeß, 1897 Krankheit und Tod. Anläßlich ihrer
Einkleidung verläßt Theresia das letzte Mal die Klausur.
Überraschend hat sich ihr Vater von seinem zweiten
Schlaganfall erholt und kann der Feier beiwohnen. In
kostbare weiße Spitzen gekleidet, schreitet Theresia an
seinem Arm in die Kapelle. Selbst die Natur hüllt sich in
Weiß. Keine Wolke trübt Theresias Glück.

Dies ändert sich bald. Einen Monat nach diesem strah-
lenden Fest wird Theresias „prophetische Vision" Wirklichkeit. Ihr Vater erleidet seinen dritten Schlaganfall.
Der Verstand verdunkelt sich, das Gedächtnis schwin-
det. Sein Zustand ist so ernst, daß er in eine Anstalt von
Caen gebracht wird. In den Anfängen seiner Krankheit
verhüllt Herr Martin sein Haupt. Er gleicht dem Manne
der Vision.

Von Leid gezeichnet, gedemütigt und mit verhülltem
Haupt wird der Vater für Theresia zum Sinnbild des lei-

denden Gottesknechtes. Sie entdeckt und vertieft sich in die Worte des Jesaja: „Er hatte keine schöne und edle Gestalt ... verachtet und von den Menschen gemieden, ein Mann voller Schmerzen, mit Krankheit vertraut ... wir schätzten ihn nicht" (Jes 53, 2-3).

In dem verborgenen Antlitz des Herrn, das von niemand erkannt wird, an seinen „tränenverschleierten Augen"[2], erkennt Theresia Jesu äußerste Liebe. Nach ihrem eigenen Bekenntnis wird die Betrachtung des Leidensantlitzes des Herrn zum Inbegriff ihrer ganzen Frömmigkeit. Sie erhält die Erlaubnis, ihrem Ordensnamen „Theresia vom Kinde Jesus" den „vom Heiligen Antlitz" hinzuzufügen.

Das verborgene Schmerzensantlitz des Herrn ermutigt Theresia, ihre Taten der Nächstenliebe unbeachtet, unaufgefordert und spontan zu vollbringen. Beim leisesten Zeichen einer Mitschwester bietet sie sich für Hilfeleistungen an. Sie fragt nicht danach, wieviel sie ihr kosten. Sie bleibt ruhig, heiter und freundlich, auch dann, wenn ihr zusätzlich Arbeit aufgebürdet und ihre Hilfsbereitschaft ausgenützt wird. Werden ihr zu Unrecht Vorwürfe gemacht, versucht sie nicht, sich zu verteidigen. Sie nimmt es ohne Murren hin, daß die treue Pflichterfüllung nicht gewürdigt, ein Mangel hingegen sofort gerügt wird.

Anstelle einer unwilligen Reaktion macht es sich Theresia zur Gewohnheit, auf alle Widerwärtigkeiten mit einem liebenswürdigen Lächeln zu antworten. Ihr Alltag ist ein immer wiederkehrender Kreislauf von Arbeit, Erholung und Gebet. Gartenarbeit, Wäschewaschen, Putzen und dergleichen wechseln ab mit Chorgebet und Rekreation.

Einen traurigen Höhepunkt im Klosterleben Theresias bildet die Grippeepidemie des Jahres 1891. Leid und Tod überschatten die Gemeinschaft der Schwestern. „… überall herrschte der Tod, die am schwersten Erkrankten wurden von solchen gepflegt, die sich kaum auf den Füßen zu halten vermochten …"[22] Die Pflege der fiebernden Kranken und die Vorbereitungen für die Beerdigung der Verstorbenen lasten auf nur drei Schwestern. Theresia ist eine von ihnen. Vermutlich reichen die Wurzeln für die spätere Todeskrankheit Theresias bis in diese Tage zurück.

Theresia ist immer bereit, die ihr anvertrauten Aufgaben zu erfüllen. Ihr Bemühen, klein zu bleiben, hindert sie nicht daran, auch schwere Verantwortung zu tragen. Sie ist erst zwanzig Jahre alt, als sie das schwierige Amt einer Novizenmeisterin übernimmt. Kaum erwachsen, wird Theresia zur Erzieherin und Führerin im geistlichen Leben. Ausgestattet mit Menschenkenntnis und sicherem Wissen um geistige Vorgänge, wird sie für ihre Novizinnen zur Lehrmeisterin für das Leben mit Gott.

Wohl einer Eingebung des Heiligen Geistes folgend, erteilt ihr die Mutter Priorin Agnes de Jesus, ihre leibliche Schwester Pauline, Ende Dezember 1894 den Auftrag, ihre Kindheitserinnerungen aufzuzeichnen. Nach einem Jahr beendet Theresia diesen ersten Teil ihrer selbstbiographischen Schriften. In der Nacht von Gründonnerstag auf Karfreitag 1896 tritt das erste Vorzeichen ihrer schweren Krankheit auf: Theresia speit Blut.

Drei Tage nach den Vorboten des Todes dringen „dichteste Finsternisse"[22] in Theresias Seele ein. Fast allen Mitschwestern bleiben die schweren seelischen Prüfungen, denen Theresia ausgeliefert ist, verborgen. Es entspricht einer Grundhaltung der Heiligen, niemand anderen mit ihrem eigenen Kummer zu belasten. Ebenso bleibt Theresias Tuberkulose, die in rasendem Tempo den ganzen Körper erfaßt, lange unbeachtet. Noch immer springt sie zuvorkommend auf, um zu helfen. Immer noch scherzt sie in den Erholungsstunden. Sie ist an allem interessiert und setzt, wie immer, Zeichen der Liebe und Aufmerksamkeit. Wie immer lächelt sie …

Völlig erschöpft kommt sie im Mai 1897 ins Krankenzimmer. Mit Geduld erträgt sie die schmerzhaften Behandlungen, die endlosen Hustenanfälle, die qualvolle Atemnot. Unermüdlich schreibt sie, einem Auftrag gehorchend, weiter an der Geschichte ihres Lebens. Ihre ganze Seele legt sie in dieses Werk, bis ihr vor Schwäche mitten im Satz der Bleistift aus der Hand fällt.

Innerhalb weniger Wochen werden die Schmerzen unerträglich. Wenn man die Kranke aufsetzt, um ihr bei den langanhaltenden Hustenanfällen Linderung zu verschaffen, glaubt sie „auf Eisenspitzen zu sitzen".[13] Theresia bittet darum, keine giftigen Medikamente in ihrer Reichweite stehen zu lassen – so sehr fürchtet sie sich, vor Schmerzen den Verstand zu verlieren und sich selbst zu töten. Der Arzt bestätigt, die Patientin mache ein wahres Martyrium mit. Mit Leib und Seele steckt Theresia in einem schwarzen Loch, in Finsternissen, wo sich nichts mehr unterscheiden läßt.

An ihrem Sterbetag, dem 30. September 1897, sagt sie: „Nie hätte ich geglaubt, daß es möglich sei, so zu leiden! Nie! Nie!" Und sie fährt fort: „Ich kann mir das nur aus meinem glühenden Verlangen erklären, Seelen zu retten." [13] (Therese hatte nie auch nur eine Morphiumspritze erhalten.) Im Anblick des Kreuzes spricht sie ihre letzten Worte: „Oh! Ich liebe Ihn! ... Mein Gott! ... Ich liebe Dich!" [13] Nach diesen Worten sinkt Theresia zurück. Die Glocke ruft die Kommunität zusammen, und die herbeigeeilten Mitschwestern knien sich rings um das Bett der Sterbenden. Sie werden Zeugen jenes Augenblicks, in dem Theresias Nacht durchbrochen wird. Ein Credo lang blickt Theresia, strahlend vor Friede und Freude, nach oben. Im Widerschein göttlichen Lichtes schließt sie für immer ihre Augen.

Wir brauchen Heilige

Das Wort Gottes ist Licht auf unserem Weg. Es führt und leitet uns. Es gibt uns Kraft und Orientierung. Von der Schrift alleine aber können wir nicht leben. „Genauso wie wir die Bibel nötig haben, brauchen wir das lebendige Zeugnis geisterfüllter Menschen." [15]

Der Herr selbst weist darauf hin, daß zwischen der Liebe des einzelnen und dem Glauben seiner Brüder und Schwestern ein enger Zusammenhang besteht (vgl. Mt 24, 12). Wir brauchen deshalb das Beispiel jener, die das Evangelium verwirklicht haben. Ohne das Zeugnis ihres Lebens verdorren die Herzen, erkaltet die Liebe, erlischt der Glaube.

Je weniger der Glaube an Christus in einer Gesellschaft lebendig ist, umso notwendiger wird es, alle Mittel einzusetzen, um ihn neu zu erwecken. „Das Zeugnis des lebendigen Christus in einem Menschen ist das stärkste und überzeugendste Mittel, das wir beim Evangelisieren … benutzen können … Und wenn Gebildete und Ungebildete diesem wahren Zeugnis keinen Glauben schenken, stehen uns keine anderen Mittel zur Verfügung, womit wir ihnen helfen können."[24]

Diese Überzeugung eines Universitätsprofessors aus Tübingen deckt sich mit der Auffassung der Kirche.[7] Sie hat deshalb den Gläubigen immer die Heiligen als leuchtende Zeugen des Glaubens, als lebendige Zeichen der Liebe und der Hoffnung vor Augen gestellt. „Wenn wir nämlich auf das Leben der treuen Nachfolger Christi schauen, erhalten wir neuen Antrieb, die künftige Stadt zu suchen. Zugleich werden wir einen ganz verläßlichen Weg gewiesen, wie wir, jeder nach seinem Stand und … durch die irdischen Wechselfälle hindurch zur vollkommenen Vereinigung mit Christus, nämlich zur Heiligkeit, kommen können."

In seinen Heiligen „zeigt Gott den Menschen in lebendiger Weise seine Gegenwart und sein Antlitz. In ihnen redet er selbst zu uns, gibt er uns ein Zeichen seines Reiches …"[7] Die Heiligen Gottes sind Wegweiser der Kirche. Durch das Vorbild ihres gelebten Glaubens geben sie dem Volk Gottes neuen Mut. Vertraut mit den Nöten der Zeit, geprüft durch Versuchung und Nacht, bewährt in Alltag und Leid, wird Theresia zu einem nachahmbaren Vorbild im Glauben.

Patronin der Weltmission

Die Heiligen weisen uns einen verläßlichen Weg, wie wir selbst zur Heiligkeit gelangen und dem Heil anderer dienen können. Durch sie wurde der missionarische Auftrag Jesu in vorbildlicher Weise verwirklicht. Nach dem Willen des Herrn muß die Verkündigung des Evangeliums bis zum Ende der Zeit fortgesetzt werden. Deshalb heißt der bleibende Auftrag des Auferstandenen an seine Jünger: „Geht hinaus in die ganze Welt, und verkündet das Evangelium allen Geschöpfen" (Mk 16, 15). Die Verkündigung der Frohbotschaft ist somit die „wesentliche Sendung" der Kirche, ihre „eigentliche Berufung und tiefste Identität."[17]

Die Konzilsväter betonen die brennende Notwendigkeit der Evangelisierung: „In der gegenwärtigen Weltlage, aus der für die Menschen eine neue Situation entsteht, ist die Kirche, die da ist Salz der Erde und Licht der Welt, mit verstärkter Dringlichkeit gerufen, dem Heil und der Erneuerung aller Kreatur zu dienen."[5]

Allen, die sich dem missionarischen Auftrag der Kirche öffnen, wird deshalb Theresia Vorbild, Wegbegleiterin und Fürsprecherin. Durch ihr Leben hat sie ihren missionarischen Geist glaubwürdig bezeugt. In ihr hat Gott ein neues Zeichen gesetzt. Folgerichtig wurde sie 1927 zur Patronin der Weltmission ernannt.

Eine Missionszeitschrift prägte den Satz: „Der Geist der hl. Theresia vom Kinde Jesus ist nach einem der besten Kenner der missionarischeste, der in der Kirche seit Paulus bekannt wurde."

Theresia selbst hat ihrem glühenden Missionseifer mit folgenden Worten Ausdruck verliehen: „… ich möchte die Welt durcheilen, deinen Namen verkünden … aber … eine einzige Mission genügte mir nicht. Ich möchte das Evangelium in allen fünf Weltteilen gleichzeitig verkünden, bis zu den fernsten Inseln … Ich möchte Missionar gewesen sein … vom Anbeginn der Welt und es bleiben bis ans Ende der Zeiten." [22]

Trotz ihres brennenden Missionsgeistes hat sie sich in ein Kloster mit strenger Klausur eingeschlossen. Sie widerstand dem heftigen Wunsch, Missionsschwester zu werden, denn sie sah in ihm die Versuchung, ihrer eigentlichen persönlichen Berufung untreu zu werden. „Mit Gewißheit" [22] vernahm sie den göttlichen Ruf, daß der ihr von Gott zugedachte Platz der Karmel sei.

„Es gibt keine größere Liebe, als wenn einer sein Leben für seine Freunde hingibt" (Joh 15, 13), sagt der Herr. Das Beste und Höchste, das einer geben kann, ist er selbst, ist sein Leben, ist der Einsatz seiner Person, und zwar an jenem Platz, an den Gott ihn ruft. Wer Gott gehorchen will, darf den Plan, den Gott mit ihm hat, nicht durchkreuzen.

Theresia wählte bewußt die „Eintönigkeit eines strengen Lebens", um ihrer Berufung treu zu bleiben. Sie verzichtete darauf, die Früchte ihrer Anstrengungen und Entbehrungen, ihrer Opfer und Gebete zu sehen, um dadurch „noch mehr zu leiden und dadurch noch mehr Seelen zu retten". [12]

„Es geht um ein neues Verstehen, was Gottes Wille ist, und um Hingabe des Menschen an seinen Willen." [15]

Genau dies entspricht der Grundhaltung der hl. Theresia. Sie stellte sich dem Erlösungwerk des Herrn in totaler Selbsthingabe zur Verfügung, und zwar in der Weise, wie der Herr es wollte. Durch sie, die niemals Missionsboden betreten hatte und dennoch zur Patronin der Weltmissionen erklärt wurde, will Gott uns lehren: Nicht die Anzahl der bereisten Missionsländer oder die Anzahl von Jahren, die in apostolischer Tätigkeit verbracht wurden, sondern die Übereinstimmung mit dem Geist und Willen Jesu machen das Wesen eines missionarischen Menschen aus.

Quelle persönlicher Erneuerung

Der auferstandene Herr hat seinen Aposteln verheißen, daß sie seine Zeugen sein werden „bis an die Grenzen der Erde" (Apg 1, 8). Die Botschaft Jesu ist für die ganze Welt bestimmt. Der Herr beruft uns, sein Evangelium zu verkünden. Wir sind bereit, diesen Auftrag zu erfüllen, und spüren zugleich, daß die Evangelisierung bei uns selbst beginnen muß. Anfang jeder Missionierung ist die Erneuerung des persönlichen Glaubens und die Heiligung des eigenen Lebens. In einem Gebet um die Erneuerung der Kirche heißt es deshalb so treffend: „Herr, erneuere deine Kirche – und fange bei mir an!" In unserem Leben muß das Evangelium zuerst fruchtbar werden. Dies ist aber nur möglich, wenn wir auf Jesus hören und uns täglich neu mit ihm verbinden.

Theresia hat zur persönlichen Erneuerung des geistlichen Lebens Entscheidendes zu sagen. Sie hat die Froh-

botschaft durchscheinend und klar in ihr Leben über-
setzt. Deshalb bezeichnet sie der hl. Papst Pius X. als
„gelebtes Evangelium".

Sie hat mit der Botschaft von der Armut im Geiste
radikal ernst gemacht. Alles hat sie von Gott erwartet
und in nichts sich selbst gesucht. „Sie fragen mich oft
nach einem Mittel, um zur reinen Liebe zu gelangen. Hier
ist es: Sich selbst vergessen und in nichts sich selbst
suchen." [12] Theresia ging mit ihrer Selbstverleugnung bis
zum äußersten, so daß sie sagen konnte: „Das einzige
Glück auf Erden besteht darin, sich zu bemühen, immer
das köstlich zu finden, was Jesus uns zuteilt." [20] Sie
ahmte die Haltung Marias nach: „Mir geschehe!"

Immer hat Theresia die vollkommene Übereinstimmung mit dem Willen Gottes gesucht. Am Ende ihres
Lebens, inmitten schwerster körperlicher Leiden und
seelischer Anfechtungen, konnte sie bekennen: „Ich vermag nicht einzusehen, was mir nach meinem Tod noch
mehr als das, was ich bereits besitze, zuteil werden soll …
Gewiß, ich werde den lieben Gott schauen! Was aber das
Einssein mit ihm anbelangt, so ist das schon hienieden
mein Anteil."

Die Ausrichtung nach dem Willen Gottes kann nicht
ohne Auswirkung auf das Gebot der Nächstenliebe bleiben. Theresia hatte sich von Kindheit an bemüht, Gott zu
lieben, und sie erkannte, daß sich die Liebe nicht nur in
Worten äußern dürfe. „Nicht jeder, der zu mir sagt: Herr!
Herr!, wird in das Himmelreich kommen, sondern nur,
wer den Willen meines Vaters im Himmel erfüllt" (Mt 7,
21). Jesus hat den Willen seines Vaters fast auf jeder Seite

des Evangeliums verkündet. Dieser gipfelt in dem neuen Gebot, das uns Jesus beim letzten Abendmahl gegeben hat: „Liebt einander! Wie ich euch geliebt habe, so sollt auch ihr einander lieben" (Joh 13, 34).

Als Theresia diese Worte betrachtete, erkannte sie, daß sie ihre Mitschwestern nicht so liebte, wie Gott sie liebte. Zugleich war sie davon überzeugt, daß der Herr nichts Unmögliches verlangen könne. Sie zog den Schluß: Jesus selbst muß in ihr und durch sie lieben. „Ja, ich fühle es, wenn ich Liebe erweise, so handelt einzig Jesus in mir. Je mehr ich mit ihm vereint bin, desto inniger liebe ich alle meine Schwestern." [22]

Theresia zog immer wieder das Evangelium zu Rate, um im Zusammenleben mit ihren Schwestern dem Willen des Herrn zu entsprechen. Im Evangelium fand sie auch die Quelle ihres geistlichen Lebens: „Das Evangelium … gibt mir das Nötige für das innere Gebet, in ihm finde ich alles, was meine arme kleine Seele braucht. In ihm entdecke ich immer neue Klarheiten, verborgene und geheimnisvolle Bedeutungen …" [22]

Jedes einzelne Glied der Kirche ist dazu berufen, sich vom Geist des Evangeliums leiten zu lassen und dadurch „Zeuge der Auferstehung und des Lebens Jesu" [17] zu sein. Die beständige Erneuerung des persönlichen Lebens bildet die Grundlage jeglicher Evangelisation.

Christianisierung der Christen

Die ersten Worte Johannes Pauls II. auf dem Petersplatz waren: „Habt keine Angst vor Jesus Christus! Ihr Menschen aller Art, öffnet Euer Herz Jesus Christus! Er ist es, der die Welt vermenschlichen wird. Und in jenem Maß, in dem Ihr Euch von Jesus Christus absondert, wird diese Welt mehr und mehr unmenschlich werden. Leider sind wir jetzt gerade dabei, die klare Beweisführung für diese Wahrheit zu erleben. Je weniger die Welt christlich bleibt, desto mehr wird sie unmenschlich, unbewohnbar. Niemand ist so sehr Mensch wie Jesus Christus. Und je mehr ein Christ Christ wird, desto mehr wird er Mensch sein. Wir werden also die Christen christianisieren müssen. Das ist unsere erste Aufgabe."

Immer wieder bestätigt der Hl. Vater die Notwendigkeit, die Christen zu christianisieren: „Das missionarische Wirken wendet sich keineswegs nur den fernen Völkern zu, sondern auch unser Nächster braucht immer unser Zeugnis. Und das gilt auch in Ländern alter christlicher Glaubenstradition, in denen heute jedoch eine Glaubensmüdigkeit festzustellen ist. Wir müssen also neu beginnen." (Ansprache von Papst Johannes Paul II. in Cagliari am 20. 10. 1985) Die Christen müssen christianisiert werden! „Die Kirche muß selbst evangelisiert werden."[17]

Wir sind dazu aufgerufen, mit der Kirche zu fühlen, sie zu lieben, für sie zu beten und zu opfern. Jedes Glied der Kirche ist mitverantwortlich für die ganze Kirche, die den mystischen Leib Christi darstellt. Wir müssen die Sorgen der Kirche mittragen und ihre Anliegen zu unseren ganz persönlichen machen. In dem Maß, in dem wir dies tun, wird sich die Kirche erneuern.

Theresia von Lisieux bekannte von sich selbst: „ … nie könnte ich vergessen, für alle zu beten … Ich will wie unsere Mutter, die hl. Theresia, Tochter der Kirche sein und nach den Meinungen unseres Hl. Vaters, des Papstes, beten, im Bewußtsein, daß seine Meinungen den Erdkreis umfassen. Darin besteht der Hauptzweck meines Lebens …"[22]

Theresia wollte allen Gliedern der Kirche helfen. Auf der Suche nach einer Antwort auf ihre Frage, wie sie dies mit größter Wirksamkeit tun könnte, schlug sie die Briefe des hl. Paulus auf. Im 12. und 13. Kapitel des ersten Korintherbriefes fand sie, was sie suchte. Theresia berichtete darüber:

„Den mystischen Leib der Kirche betrachtend, hatte ich mich in keinem der vom hl. Paulus geschilderten Glieder wiedererkannt, oder vielmehr, ich sollte mich in allen wiedererkennen … Die Liebe gab mir den Schlüssel meiner Berufung … ich begriff, daß die Kirche ein Herz hat, und daß dieses Herz von Liebe brennt: Ich erkannte, daß die Liebe allein die Glieder der Kirche in Tätigkeit setzt, und würde die Liebe erlöschen, so würden die Apostel das Evangelium nicht mehr verkünden, die Martyrer sich weigern, ihr Blut zu vergießen … Ich begriff, daß die Liebe alle Berufungen in sich schließt, daß die Liebe alles ist … Da rief ich im Übermaß meiner … Freude: … Endlich habe ich meine Berufung gefunden, meine Berufung ist die Liebe … Ja, ich habe meinen Platz in der Kirche gefunden … im Herzen der Kirche, meiner Mutter, werde ich die Liebe sein ."[22]

Papst Paul VI. stellte Theresia folgendes Zeugnis aus: „(Sie hat) den Ort gefunden ... von dem aus sie die weitesten Gesichtskreise wiedergewann und sich im Innersten mit den Sorgen und missionarischen Anliegen der Kirche eins fühlte. All jene, die heute auf der Suche nach dem Wesentlichen sind ... laden wir ein – mögen sie nun Beschauliche oder apostolisch Tätige sein –, sich der Karmelitin von Lisieux zuzuwenden ... Mit Vertrauen ist sie auf einen Schlag zum Wesen der Kirche, zu ihrem Herzen vorgedrungen, die sie keineswegs vom Herzen Jesu getrennt hat. Möge sie heute allen ihren katholischen Brüdern und Schwestern diese Liebe zur Kirche, unserer Mutter, erlangen können!"[23]

Theresia zeigt allen Gliedern der Kirche, wie sie zu deren Erneuerung und Fruchtbarkeit beitragen können. Durch Theresias Beispiel sehen sich auch jene zur Mitverantwortung aufgefordert und ermutigt, die durch Alter, Krankheit, Beruf oder Verfolgung nicht aktiv in der Kirche und für die Kirche wirken können. Um an der Erneuerung der Kirche und an der Erlösung der Welt mitzuarbeiten, genügt es, die Waffe der Liebe zu ergreifen. Den Leidenden, Einsamen und scheinbar Nutzlosen gibt Theresia die Gewißheit, daß sie wichtige Glieder am Leib der Kirche sind. Durch die Annahme ihres Schicksals und die Hingabe an den Willen Gottes wirken sie mit, das Volk Gottes zu heiligen, aufzubauen und zu evangelisieren.

Theresia wendet sich auch an alle, die, ausgelastet durch ihre Arbeit und Mühe im Alltag, in Familie und Beruf, nur auf einen kleinen Kreis von Menschen unmittelbar Einfluß ausüben können. Sie wurde zur „Heiligen des Alltags", weil sie es so gut verstand, die „kleinen Münzen der Liebe" zu sammeln. Durch ungezählte kleine, verborgene Opfer und Dienste an ihren Mitschwestern hat sie ihre Liebe zum Ausdruck gebracht. Sie wußte, daß das Reich Gottes keine andere Münze kennt als die der Liebe und auch die kleinsten Münzen von hohem Wert sind.

„... die guten, in übernatürlichem Geist vollbrachten Werke haben die Kraft, Menschen zum Glauben und zu Gott zu führen"[4], lehren die Konzilsväter. Theresia machte ernst mit diesem übernatürlichen Realismus: Durch die Nächstenliebe, die wir üben, ohne daß es jemand weiß, wirken wir mit an der Bekehrung der Menschen. Am Jüngsten Tag werden wir sehen, daß wir den Weg für Jesus bereitet und am Aufbau seines Reiches mitgeholfen haben. Paul VI. bestätigt: „... sie wußte mit Wirklichkeitssinn die bescheidenen Mittel zu gebrauchen, die ihre Gemeinschaft ihr anbot."[23] Theresia ergriff diese Mittel mit der ganzen Kraft ihrer Liebe, um an der Sendung der Kirche mitzuwirken.

Schließlich erinnert Theresia all jene, die aktiv und unmittelbar im Dienst der Evangelisierung stehen, daß die Fruchtbarkeit ihrer Arbeit von der lebendigen Vereinigung mit Christus abhängt. Es sagt doch der Herr: „Wer in mir bleibt und in wem ich bleibe, der bringt reiche Frucht, denn getrennt von mir könnt ihr nichts vollbringen" (Joh 15, 5). Diese Wahrheit erschließt sich Theresia beim Betrachten des mystischen Leibes Christi. Sie erkennt, daß das Herz die Glieder der Kirche in Tätigkeit versetzt. Dieses „Herz der Kirche" erhält die Kraft zum Leben und Lieben vom Herrn. Ihm muß es sich im Gebet zuwenden und öffnen.

Papst Paul VI. sagt im Hinblick auf Theresia: „Das Apostolat selbst muß sich auf allen Gebieten wieder einwurzeln ins Gebet, sich wieder mit dem Herzen Christi verbinden, um sich nicht in eine Geschäftigkeit aufzulösen, die vom Evangeliumsgemäßen nur noch den Namen behalten würde." [23]

Wer sich in den Dienst der Evangelisierung stellt, muß sich vom Hl. Geist führen und ergreifen lassen. Ohne ihn erweisen sich die noch so gut entwickelten soziologischen und psychologischen Methoden der Verkündigung schnell als wertlos.

Jede Art der Verkündigung muß vom Gebet getragen werden, in lebendiger Verbindung mit dem Herrn geschehen und unter der Führung des Hl. Geistes stehen. Johannes Paul II. sagte vor den kanadischen Bischöfen. „… Die Gnade der Erneuerung und Bekehrung wird nur einer Kirche gegeben, die betet …" Notwendig ist also: „Der Missionar muß ein Mann des Gebetes sein." [5]

Theresia ist zu einer brillanten Lehrerin des Gebetes und des geistlichen Lebens geworden. Sie hat es verstanden, aus ihrem ganzen Leben ein Gebet zu machen. Sie hat, „wandelnd in seiner Gegenwart, die geringfügigsten alltäglichen Einzelheiten unter seinem Blick gelebt … (sie hat) aus ihrem ganzen Leben ein Zwiegespräch mit dem Vielgeliebten gemacht …" [23]

Das Leben der hl. Theresia von Lisieux ist ein einziger Aufruf, an die Fruchtbarkeit und Notwendigkeit des

Gebetes im Dienst der Evangelisierung zu glauben. Für sie persönlich waren Gebet und Opfer die „unbesieglichen Waffen" [22], die mehr als Worte die Herzen der Menschen zu treffen und zu verwandeln vermögen.

Ihr Leben des Gebetes schilderte sie anschaulich in zwei wunderschönen Bildern: „Wie Josua kämpfen Sie in der Ebene, ich bin Ihr kleiner Mose, und ununterbrochen ist mein Herz zum Himmel erhoben, um den Sieg zu erflehen" [2], schrieb sie an einen Missionar. In einem anderen Brief an ihn erklärte sie ihre Rolle folgendermaßen: „… (wir) wollen … miteinander für das Heil der Seelen arbeiten. Ich könnte nur wenig vollbringen oder rein nichts, wenn ich allein wäre. Was mich tröstet, ist der Gedanke, daß ich an Ihrer Seite doch nützlich sein kann. Tatsächlich ist die Null an sich wertlos, aber zu einer Eins gesellt, wird sie mächtig, vorausgesetzt, daß sie sich auf die richtige Seite stellt, hinter und nicht vor die Zahl! … Genau da hat Jesus mich hingestellt, und ich hoffe, immer da zu bleiben, indem ich Sie aus der Ferne in Gebet und Opfer begleite." [2]

Das Gebet kann alles erreichen. „Man könnte es einer Königin vergleichen, die allzeit freien Zutritt hat beim König und alles erlangen kann, worum sie bittet." [22]

Das Gebet öffnet und verwandelt die Herzen. Die Erneuerung der Kirche kann nur aus dem Gebet erwachsen. Je mehr die Gläubigen die Kirche mit ihrem Gebet unterstützen, umso klarer kann sie das Antlitz Christi widerspiegeln.

Erneuerung der Welt

Wir sind dazu berufen, das Evangelium durch unser eigenes Leben zu verwirklichen. An uns ergeht die eindringliche Einladung, die Kirche selbst zu evangelisieren. Wir vernehmen aber auch den Auftrag Jesu, der ganzen Welt die frohe Botschaft zu verkünden. Auch jene, die außerhalb der Kirche stehen, die Ungläubigen und Gottlosen, sind unsere Brüder, um deren Heil wir besorgt sein müssen.

Der Unglaube unserer Zeit hat viele Formen und Gestalten. Er reicht von der Gleichgültigkeit gegenüber Gott bis hin zum systematischen Atheismus. Unsere weithin säkularisierte Welt zielt darauf ab, Gott immer weiter an den Rand zu schieben. Der praktizierte wie der theoretische Atheismus haben erschreckende Ausmaße angenommen. Man „muß ... den Atheismus zu den ernstesten Gegebenheiten dieser Zeit rechnen ...“ [18]

Gott begegnet der Gottlosigkeit unserer Zeit mit seiner barmherzigen Liebe. Als Antwort auf die Glaubensnot von heute schenkt er uns neuen geistlichen Aufbruch. Ebenso sind die Heiligen immer als „Antwort von oben auf die Nöte von unten“ gesehen worden. Das Leben und die Lehre der hl. Theresia von Lisieux sind eine direkte Antwort Gottes auf die Glaubensnot unserer Zeit. Dieser „größten Not“, die sich in Unsicherheit, Unglauben und Verzweiflung äußert, stellt Gott die „größte Heilige der Neuzeit“ gegenüber.

Das Heilmittel gegen den Atheismus besteht vor allem darin, durch das Zeugnis eines lebendigen und gereiften Glaubens Jesus Christus präsent und sozusagen sichtbar zu machen. Die Heilige von Lisieux hat selbst inmitten schwerster Anfechtungen ein leuchtendes Zeugnis dieses lebendigen Glaubens gegeben.

Am Ostersonntag des Jahres 1896 war mit einem Schlag der strahlende, klare Glaube, der Theresia von Kindheit an erfüllte, erloschen. Mit Erschütterung erfuhr sie in ihrem Inneren, was sie bis dahin nicht für möglich gehalten hatte: Sie erkannte, daß es wirklich Menschen ohne Glauben und ohne Hoffnung gibt.

„... ich konnte mir überhaupt nicht vorstellen, daß es Gottlose gäbe, die keinen Glauben haben. Ich meinte, sie sprächen gegen ihre bessere Erkenntnis, wenn sie die Existenz des Himmels leugneten ..." Doch nun „ließ (er) zu, daß dichteste Finsternisse in meine Seele eindrangen ... Man muß durch diesen dunklen Tunnel gewandert sein, um zu wissen, wie finster er ist ..." [22]

„... die Stimme der Sünder annehmend, scheint die Finsternis mich zu verhöhnen und mir zuzurufen: ‚Du träumst vom Licht ... von dem ewigen Besitz des Schöpfers ... Nur zu, nur zu, freu dich über den Tod, der dir geben wird nicht, was du erhoffst, sondern eine noch tiefere Nacht, die Nacht des Nichts." [22]

„... das Bild ... von den Finsternissen, die meine Seele verdunkeln, ist ebenso unvollkommen wie eine mit dem Modell verglichene Skizze." [22]

Einen Monat vor ihrem Tod gestand Theresia ihrer Schwester Pauline: „Wenn Sie wüßten ... von was für schrecklichen Gedanken ich besessen bin! Beten Sie für mich, damit ich nicht auf den Teufel höre, der mir so viele Lügen einreden will. Es sind die Überlegungen der schlimmsten Materialisten, die sich meines Geistes bemächtigen ..."[13]

Theresia wurde in die „Nacht des Nichts" hineingeworfen. Sie erlebte den Atheismus als persönliche innere Erfahrung. Bezeichnenderweise fiel ihre Prüfung in eine Zeit, während der sich die Gottlosigkeit mit Nachdruck durchzusetzen begann. 1895 gründete Lenin seinen Kampfbund zur Befreiung der Arbeiterklasse, und im selben Jahr starb Friedrich Engels, der Begründer des dialektischen Materialismus. Zu dieser Zeit vollzog Theresia ihren „Weiheakt an die barmherzige Liebe", eine ausdrücklich formulierte und vollständige Auslieferung an den Herrn.

Der Atheismus war für Theresia nicht mehr nur eine zur Schau getragene Haltung. Sie erkannte, daß man wirklich überzeugt sein kann, daß es nach dem Tod nichts anderes gibt als das Nichts. „Jesus (ließ) mich fühlen, daß es tatsächlich Seelen gibt, die den Glauben nicht haben."[22]

Nach dem Empfinden Theresias hatte ihr der Herr selbst die Augen geöffnet. Durch ihre neu gewonnene, bittere Erfahrung sollte sie erkennen, daß die Ungläubigen ernstzunehmen sind. Aus diesem Grund sah Theresia ihre Glaubensprüfung als „große Gnade"[22] an und antwortete mit Hingabe. Theresia kam mit der widersprüchlichen Situation zurecht, in der sie sich befand. Noch immer hatte sie Anteil am Licht des Glaubens und nahm zugleich teil an den dichtesten Finsternissen des Unglaubens. Sie wurde zur Gefährtin und Schwester der Ungläubigen und solidarisierte sich mit ihnen. Stellvertretend wollte Theresia „für" sie leiden und beten, während sie mitten unter ihnen „mit" ihnen das „Brot der Schmerzen" aß:

„... Ach, die Finsternis hat nicht begriffen, daß dieser Göttliche König das Licht der Welt war ... Dein Kind aber, o Herr, hat dein göttliches Licht erkannt, es bittet dich um Verzeihung für seine Brüder, es ist bereit, das Brot der Schmerzen zu essen, solange du es willst, und es will sich von diesem mit Bitternis beladenen Tisch, an dem die armen Sünder essen, nicht mehr erheben vor dem durch dich bezeichneten Tag ... Darf es daher nicht auch in seinem Namen, im Namen seiner Brüder sprechen: Erbarme dich unser, Herr, denn wir sind arme Sünder! ... O Herr, entlasse uns gerechtfertigt ... Mögen doch alle, die von der Fackel des Glaubens nicht erleuchtet werden, endlich ihren Lichtschein erblicken ..." [22]

Jesus selbst hat Theresia an den „Tisch der Ungläubigen" geführt. Deshalb wollte sie an ihm ausharren, solange der Herr es wollte. Sie geht den Weg der Solidarität mit allen Menschen ihrer und unserer Zeit. Sie verläßt auch jene nicht, für die Gott aus Überzeugung oder Gleichgültigkeit nicht existiert und die in das „Nichts" ihrer Existenz einwilligen. Im Namen ihrer Brüder taucht Theresia in die „Nacht des Nichts" und nimmt teil an der Verlassenheit Jesu am Kreuz, damit den Ungläubigen das Licht des Glaubens aufstrahle.

Jean-Francois Six, ein Biograph der Heiligen, deutet die Schicksalsgemeinschaft Theresias mit den Ungläubigen folgendermaßen: „(Sie) eröffnet prophetisch eine (neue) Periode des mystischen Lebens der Kirche und der

Christen: die Konfrontation mit einer Art Abwesenheit Gottes in der zeitgenössischen Welt ... Gott muß auch mit jenen gesucht werden, die zur „Nacht des Nichts" tendieren ... Theresia schlägt eine Suche vor, in der der Hl. Geist, wie Paul VI. sagt, auch ‚durch den Unglauben unserer Zeitgenossen' zu uns spricht." [20]

In der gegenwärtigen Welt spielen sich gewaltige Kämpfe zwischen der Wirklichkeit des Glaubens und der Wirklichkeit des Unglaubens ab. Theresia hat sie in ihrem Inneren durchlitten, durchgekämpft – und gesiegt. So wirkte sie exemplarisch mit an der Erneuerung einer Welt, die Gott nicht kennt. In ihr erstand eine Prophetin für unsere Zeit.

Gebot der Stunde

Die geänderten Denkweisen und Strukturen unserer Zeit stellen häufig überkommene Werte in Frage. Diese neue Situation übt auch auf das religiöse Leben ihren Einfluß aus. Einerseits geben breite Volksmassen das religiöse Leben praktisch auf, leugnen Gott und stehen der Religion völlig gleichgültig gegenüber. Andererseits fordern die neuen Verhältnisse mehr und mehr zu einer ausdrücklichen, personal vollzogenen Glaubenserfahrung heraus, wodurch nicht wenige zu einer lebendigeren Gotteserfahrung kommen.

Der erste Schritt zum Weg aus der Krise ist die Umkehr und die persönliche Glaubensentscheidung des einzelnen Gläubigen. Es ist ein Gebot der Stunde, ein entscheidungsloses, mit der Geburt übernommenes Christentum, das nicht der Verkündigung Jesu entspricht, zu überwinden. Ein solches Christentum kommt dem Salz gleich, das seinen Geschmack verloren hat. „…es taugt zu nichts mehr", denn „es wird weggeworfen und von den Leuten zertreten" (Mt 5, 13).

„Man muß wirklich Christen eines ganz neuen Typs heranbilden", ruft Kardinal Suenens uns beim 5. österreichischen Treffen der charismatischen Gemeindeerneuerung zu. Der Christ in dieser neuen Gestalt, dieser „ganz neue Typ", entscheidet sich in Freiheit aus der Kraft des Hl. Geistes ausdrücklich für Gott. Er ist betroffen von der Kernbotschaft Jesu und will sie in seinem Leben verwirklichen: „Kehrt um, und glaubt an das Evangelium" (Mk 1, 15).

Bei der Feier der Eingliederung Erwachsener in die Kirche betet der Lektor für die Bewerber. Er bittet um „Klarheit in ihren Entschlüssen", um Befreiung „aus dem Einfluß des Bösen" und um ihre Stärkung mit dem Heiligen Geist, damit sie bereit werden, sich zum Evangelium Jesu zu bekennen und „zum Licht der Welt werden".[11] In der liturgischen Feier werden die ungetauften Erwachsenen vor ihrer Eingliederung in die Kirche vor eine klare Entscheidung gestellt. Diese Grundentscheidung für ein Leben in der Nachfolge Jesu sollen die als Kinder getauften Erwachsenen einmal in ihrem Leben bewußt und ausdrücklich nachvollziehen. Daraus erwächst auch die Bereitschaft, sich dem Hl. Geist zu öffnen und für Christus Zeugnis abzulegen. Ein entschiedenes Ja zu Jesus Christus ist die Folge der Umkehr.

Bischof Stimpfle hat am Deutschen Katholikentag 1982 das Wesen der Umkehr mit folgenden Worten beschrieben: „Gott wählen, Gott an den ersten Platz des Lebens stellen, Gottes heiligen Willen allem anderen vorziehen. Jeden Augenblick nichts anderes wollen als das, was Gott will. Jesus Christus lieben, denn unser Gott, der Gott, an den wir glauben, ist der Vater unseres Herrn Jesus Christus, der uns seine Liebe gezeigt hat in der Sendung des Sohnes und des Hl. Geistes. Er ist in uns und mit uns, er ist der treue Gott. Darum Jesus wählen, den Weg zum Vater. Jesus, der uns das Evangelium verkündet hat, unser Lehrer, Jesus, der für uns am Kreuz gestorben ist, und Jesus, der uns das Hauptgebot gegeben hat: Liebt einander, wie ich euch geliebt habe." [15]

Umkehr ist möglich

Umkehr heißt: Jesus zum Herrn seines Lebens wählen. Den ersten Schritt dazu macht Gott selbst. Er bewirkt die Umkehr. Der Herr ruft den Menschen und wirkt in denen, die ihm antworten.

Die Heiligen haben den Ruf des Herrn zur Umkehr gehört und sind ihm gefolgt. Sie alle sind Vorbilder der Umkehr. Manche haben eine auffällige, andere eine verborgene Bekehrung vollzogen. Das Leben der Heiligen zeigt uns, daß Umkehr immer möglich und nötig ist. Der barmherzige Vater blickt immer in Liebe auf den verlorenen Sohn und eilt ihm mit Freude entgegen. Umkehr ist ein Prozeß, der in vielen Stufen vollzogen wird. Eine Grundentscheidung für Gott steht am Anfang der

Umkehr, vollendet wird sie mit einer totalen Auslieferung an den Herrn.

Die hl. Theresia ermutigt alle dazu, sich für den Herrn zu entscheiden, weil sie die unendliche Liebe Gottes erkannt hat. Unermüdlich hat sie seine Liebe in Wort und Leben bezeugt und verkündet. Theresia ruft uns die Botschaft von der Liebe Gottes neu ins Bewußtsein, damit wir seiner Liebe glauben und uns für ihn entscheiden. Treffend nennt Papst Pius XI. Theresia auch „lebendiges Gotteswort". Der Herr spricht durch eine Heilige, „die leidenschaftlich an die Liebe Gottes geglaubt hat".[23]

Unserer säkularisierten Welt, die Gott gegenüber gleichgültig und mißtrauisch geworden ist, ruft Theresia die Möglichkeit der Umkehr auch aus aussichtsloser Lage in Erinnerung. „Ja, ich fühle es, hätte ich auch alle begehbaren Sünden auf dem Gewissen, ich ginge hin, das Herz von Reue gebrochen, mich in die Arme Jesu zu werfen, denn ich weiß, wie sehr er das verlorene Kind liebt, das zu ihm zurückkehrt." [22]

Dieses trostvolle Bild der Umkehr schenkt uns Theresia am Ende der Geschichte ihres Lebens. Mitten im nächsten Satz fällt ihr der Bleistift vor Erschöpfung aus der Hand. Diese letzten Zeilen sind gleichsam Theresias Testament und enthalten die Kernbotschaft ihres Lebens: „… ich weiß, wie sehr er das verlorene Kind liebt, das zu ihm zurückkehrt …" Das Vermächtnis Theresias legt Zeugnis für die Liebe Gottes ab. Es ist eine Ermutigung und mitreißende Herausforderung, dem Gebot der Stunde zu folgen und entschieden auf die Liebe des Herrn zu antworten.

Gott liebt die Kleinen

Der Herr allein bewirkt Umkehr. Zehn Jahre lang mußte Theresia schmerzlich erleben, wie wenig sie aus sich selber konnte, wie schwach und ohnmächtig sie war. Sie erkannte ihre Unfähigkeit, aus eigener Kraft Fehler abzulegen. Bis zu ihrer „Weihnachtsbekehrung" ging sie einen leidvollen Weg. Gleich dem hl. Paulus machte sie die Erfahrung, daß die Gnade in der Schwachheit zur Vollendung kommt. Entscheidend ist, seine Schwachheit anzunehmen, nicht zu resignieren und gegen seine Fehler zu kämpfen.

In einem schönen und bekannten Bild ermutigt Theresia zu dieser Haltung: Ein kleines Kind steht vor einer Treppe, um sie zu ersteigen. Es will zu seiner Mutter, die von der Höhe der Treppe voll Liebe auf ihr Kind herabblickt. Doch das Kind gelangt nicht einmal auf die erste Stufe. Da es nicht aufhört, seinen Fuß zu heben, kommt die Mutter, gerührt von den immerwährenden Anstrengungen des Kleinen, die Stiege herunter, um es auf ihren Armen hinaufzutragen.

So verfährt Gott mit den Menschen. Der Mensch kann aus eigenen Anstrengungen allein nicht einmal auf die erste Stufe der Heiligkeit emporsteigen. Doch sein unaufhörliches Bemühen rührt das Herz Gottes. Er kommt ihm in seiner großen Barmherzigkeit zu Hilfe. Theresia war, rückblickend auf ihre Krisenzeit, dankbar, daß sie ihre Armut, Ohnmacht und Schwachheit wie dieses Kind erfahren hatte. Wie Maria im Magnifikat besang sie ihre Niedrigkeit. Sie freute sich über ihre Schwachheit und verkündete: „… weil ich klein und schwach war, ließ er sich zu mir herab und unterwies mich …" [22]

Theresia erkannte, daß alles Gnade ist und daß Gott sie den „Kleinen" schenkt. Auf die Frage, was es heiße, ein „kleines Kind" zu bleiben, antwortete sie: „Es besteht darin, daß man sein Nichts anerkennt, alles vom lieben Gott erwartet, so wie ein kleines Kind alles von einem Vater erwartet, daß man sich um nichts Sorgen macht, kein Vermögen erwirbt … Klein sein heißt auch, nicht die Tugenden, die man übt, sich selbst zuschreiben, nicht sich selber zu irgend etwas fähig halten, sondern anerkennen, daß … Gott diesen Schatz in die Hand seines Kindes legt, damit es ihn benützt, wenn es ihn braucht. Aber der Schatz gehört immer dem lieben Gott. Schließlich heißt es, daß man sich nie durch seine Fehler entmutigen läßt, denn Kinder fallen oft, aber sie sind zu klein, um sich sehr weh zu tun." [13]

Entscheidung zur Liebe

Am 8. Dezember 1985 richteten die Bischöfe der außerordentlichen Bischofssynode eine Botschaft an alle Christen in der Welt. Am Ende dieser Botschaft riefen die Bischöfe „allen Männern und Frauen unserer Zeit" zu: „Wir sind nicht auf den Tod hin geschaffen, sondern zum Leben. Wir sind nicht zu Spaltungen und Krieg verurteilt, sondern aufgerufen zu Brüderlichkeit und Frieden. Der Mensch ist von Gott nicht zum Haß und Streit geschaffen. Der Mensch antwortet auf diese Berufung in der Erneuerung seines Herzens."

Schon die Konzilsväter erwarteten von den getauften Christen ihre ständige Erneuerung. Sie forderten von den Christen, daß sie „die Heiligung, die sie empfangen haben, mit Gottes Gnade im Leben bewahren und zur vollen Entfaltung bringen".[7]

Die Kindertaufe gehört zum festen Bestandteil christlicher Tradition. Schon in der Apostelgeschichte wird von der Taufe des „ganzen Hauses" (vgl. Apg 16, 31-34) berichtet. Das vom Paten stellvertretend gegebene Ja-Wort zu Gott muß aber vom erwachsenen Christen durch eine persönliche Entscheidung angenommen werden. Der äußere Rahmen, in dem der einzelne sein Ja zu Gott spricht, ist nicht entscheidend. Wichtig ist die innere Haltung, die diesem Schritt vorausgeht. Sie ist deutlich an der hl. Theresia ablesbar. Theresia war eine Hörende. Sie war wach für den Anruf Gottes. Der Ruf, der persönlich an sie erging, machte sie betroffen, und sie antwortete in voller Bereitschaft. Die feste Entschlossenheit, mit der Theresia, allen Widerständen zum Trotz, dem Ruf Jesu folgte, ist Beispiel, Ansporn und Ermutigung für unser Ja zum Herrn.

Jene Liebe, mit der Gott ihr begegnete, fand sie im Buch Ezechiel (16, 8-13) beschrieben. Sie wandte die Schriftstelle persönlich auf sich an: „„Als Jesus an mir vorüberging, sah er, daß für mich die Zeit gekommen war, geliebt zu werden. Er schloß einen Bund mit mir, und ich wurde sein … Er breitete seinen Mantel über mich, er wusch mich in kostbaren, wohlriechenden Wassern, kleidete mich in gestickte Gewänder, gab mir Ketten und unschätzbares Geschmeide … Er nährte mich mit feinstem Mehl, mit Honig und Öl im Überfluß … da wurde ich schön in seinen Augen und er machte aus mir eine mächtige Königin!' … Ja, all dies tat Jesus für mich, ich könnte jedes einzelne Wort, das ich angeführt habe, vornehmen und beweisen, daß es sich zu meinen Gunsten verwirklicht hat." [22]

Theresia beschrieb mit diesen Worten die Geschichte ihrer Berufung. Sie wurde „sein", als die Zeit dafür gekommen war. Voll Freude nahm sie alle Gaben – die gestickten Gewänder, Ketten und Geschmeide – an. Theresia begriff, daß die Zeit gekommen war, „geliebt zu werden". Sie hörte aber auch den Ruf, selbst zu lieben und Antwort auf die Liebe Jesu zu geben. Ihr persönlich galt der Ruf des Herrn: „Mich dürstet!" Um dem „Viel-Geliebten zu trinken zu geben" [22], hatte es die Vierzehnjährige so außergewöhnlich eilig, in den Karmel zu kommen.

Der „göttliche Ruf" allein war richtungsweisend für ihren Kampf um den Karmel: „Jesus hat gesagt: ‚Das Himmelreich leidet Gewalt, und nur die Gewalttätigen reißen es an sich.' So erging es mir mit dem Reich des Karmel. Bevor ich Jesu Gefangene wurde, mußte ich reisen, um das Gefängnis zu erobern, das ich allen Palästen der Erde vorzog … Ich begriff, daß ein Tag im Haus des Herrn wirklich mehr wert ist als tausend andere." [2]

Das ganze Leben Theresias war eine fortwährende Entscheidung zur Liebe. Viele Stufen der Umkehr sind darin deutlich zu erkennen. „Es ist nicht die Art Jesu, den Seelen alles auf einmal zu zeigen. Gewöhnlich schenkt er sein Licht bloß nach und nach …" [22]

Schon als Elfjährige konnte Theresia über ihre erste hl. Kommunion berichten: „Ich sprach: ‚Ich liebe dich und schenke mich dir für immer.'" [22] Bei ihrer zweiten hl. Kommunion wiederholte sie unaufhörlich die Worte des hl. Paulus: „Nicht mehr ich lebe, Jesus lebt in mir! …" [22]

Die Vierzehnjährige hatte dem Herrn ihr Leben, ihre Zukunft und ihren Willen so sehr übergeben, daß sie sich zum „Spielball Jesu" erklärte: „Seit einiger Zeit hatte ich mich dem Jesuskind als kleines Spielzeug angeboten. Ich hatte ihm gesagt, er solle mich nicht wie ein kostbares Spielzeug behandeln, das die Kinder nur anschauen, weil sie nicht wagen, es anzurühren, sondern als einen kleinen Ball von keinerlei Wert, den es auf den Boden werfen, mit dem Fuß stoßen, durchbohren, in einem Winkel liegen lassen oder an sein Herz drücken könne, wenn es ihm Freude mache." [22]

Theresia vertiefte im Laufe ihres Lebens diese Haltung des Sich-Überlassens, des „Mir geschehe". In ihrer Selbstbiographie schrieb die 22jährige Karmelitin: „… jetzt leitet mich nur noch die Hingabe, ich habe keinen anderen Kompaß! … Um nichts kann ich mehr mit Inbrunst bitten als darum, daß sich der Wille Gottes an meiner Seele vollkommen erfülle …" [22]

Das Ziel von Theresias Antwort auf die Liebe Gottes war die totale Hingabe an den Herrn. Sie ersann dazu den „Weiheakt an die barmherzige Liebe". Ihrer Zeit voraus, hatte sie am Fest der Heiligen Dreifaltigkeit, dem 9. Juni 1895, eine ausdrücklich formulierte Hingabeerklärung vollzogen und damit ein eindrucksvolles Zeichen gesetzt. Theresia übergab ihr Leben, ihre Werke und ihren Tod dem Herrn und erwartete alle Gnaden aus seiner Vaterhand.

In ihrem Weiheakt betete Theresia: „O mein Gott! … Ich verlange danach, dich zu lieben und dahin zu wirken, daß du geliebt wirst … Ich verlange danach, Heilig zu werden, aber ich fühle meine Ohnmacht und ich bitte dich … sei du selbst meine Heiligkeit …

(Du hast gesagt:) ‚Alles, worum ihr meinen Vater in meinem Namen bitten werdet, das wird er euch geben!' So bin ich gewiß, daß du meine Wünsche erhören wirst. Ich weiß es … je mehr du geben willst, um so mehr steigerst du das Verlangen. Ich fühle in meinem Herzen unermeßliche Wünsche, und mit Vertrauen bitte ich dich, zu kommen und von meiner Seele Besitz zu ergreifen … Ich flehe dich an, nimm mir die Freiheit weg, dir zu mißfallen … Am Abend dieses Lebens werde ich mit leeren Händen vor dir erscheinen, denn ich bitte dich nicht, Herr, meine Werke zu zählen. Alle unsere Gerechtigkeiten sind befleckt in deinen Augen. Ich will mich also mit deiner eigenen Gerechtigkeit bekleiden und von deiner Liebe den ewigen Besitz Deiner selbst empfangen …

Um in einem Akt vollkommener Liebe zu leben, weihe ich mich als Ganz-Brandopfer deiner barmherzigen Liebe … Ich will … mit jedem Schlage meines Herzens dir diese Weihe erneuern …" [22]

Theresia sah ihre ausdrückliche Hingabeerklärung als wichtig an und gewann auch andere dafür, sie zu vollziehen. Ihr Weiheakt stellt ein Novum im Leben der Kirche dar und wird von namhaften Theologen gewürdigt.

Der Herr schenkt heute vielen den Impuls, ausdrücklich und leibhaftig auf seine Liebe und sein Gnadenangebot zu antworten. Unwesentlich ist, daß sich die Formulierungen geändert haben.

Theresia bediente sich der Sprache ihrer Zeit. Unter „Ganz-Brandopfer" verstand sie ihre vollkommene Auslieferung an die barmherzige Liebe. Es bedeutete den Höhepunkt ihres Weges zu Gott.

Drei Monate vor ihrem Tod stellte Theresia fest: „… Ich bin Jesus völlig ausgeliefert, es steht Ihm also frei, mit mir nach seinem Belieben zu tun." [22]

An ihrem Todestag gestand Theresia, niemals geglaubt zu haben, daß man so sehr leiden kann. Aber zugleich bekräftigte sie: „… Ich bereue es nicht, mich der Liebe ausgeliefert zu haben." [13]

Heilige des Vertrauens

Mißtrauen ist das größte Hindernis, sich dem Herrn anzuvertrauen und sich seiner Herrschaft zu unterstellen. Das erste Menschenpaar wurde von der Schlange, dem Urbild des Bösen, dazu verführt, Gott zu mißtrauen. Durch dieses Mißtrauen kam die Sünde in die Welt. Die geheimnisvolle Neigung zum Bösen, die in jedem Menschen steckt, hat ebenfalls ihren allerersten Ursprung im Mißtrauen Gott gegenüber. Der aufgeklärte Mensch befürchtet, daß Gott seine Freiheit unterdrücken könne oder wolle. Dieses Mißtrauen wird zum Ursprung seiner Gottlosigkeit.

Das einzige Heilmittel gegen das Mißtrauen ist das Vertrauen. Der Herr selbst hat im Kind das Vorbild für die vertrauensvolle Haltung, in der wir Gott begegnen sollen, gezeigt. So arglos und vertrauensvoll, wie ein Kind sich seinem Vater überläßt, sollen wir uns Gott anvertrauen. „Wer das Reich Gottes nicht so annimmt, wie ein Kind, der wird nicht hineinkommen" (Lk 18, 17), sagt der Herr. An uns liegt es, in die Haltung des Kindseins vor Gott hineinzuwachsen. Wir kennen das Gleichnis vom verlorenen Sohn. Nicht ein Knecht oder Fremder kehrt zum Vater heim, es ist der Sohn. Mag er sich noch so weit vom Vater entfernt haben, er kann umkehren, da er Kind des Vaters ist und auf seine Güte und Liebe vertrauen kann.

Es ist ein großes Anliegen von Johannes Paul II., diese Wahrheit wieder mehr bewußt zu machen. Am Österreichischen Katholikentag 1983 in Wien rief er allen zu: „Wir müssen eine neue Verkündigung beginnen, die Verkündigung von der Heimkehr und Umkehr des Sohnes."

In Lisieux hob er Theresia als Vorbild des Kindseins vor Gott hervor: „Von Theresia von Lisieux kann man mit Überzeugung sagen, daß der Geist Gottes ihrem Herzen möglich gemacht hat, den Menschen unserer Zeit das grundlegende Geheimnis, die Wirklichkeit des Evangeliums direkt zu offenbaren: die Tatsache nämlich, daß wir wirklich ‚den Geist empfangen haben, der uns zu Söhnen macht, den Geist, in dem wir rufen: ‚Abba, Vater.' Der kleine Weg ist der Weg der heiligen Kindheit. Auf diesem Weg gibt es etwas Einzigartiges, den Genius der hl. Theresia von Lisieux. Gleichzeitig sehen wir eine sehr grundlegende und allgemein gültige Wahrheit bekräftigt und neu herausgestellt. Welche Wahrheit aus der Botschaft des Evangeliums ist denn wohl grundlegender und allgemeiner gültig als jene: Gott ist unser Vater, und wir sind seine Kinder?

Wie allgemein gültig diese Wahrheit, diese Wirklichkeit auch sein mag, sie wurde dennoch mit dem Glauben, der Hoffnung und der Liebe Theresias von Lisieux neu verstanden. Sie wurde gewissermaßen neu entdeckt durch die innere Erfahrung ihres Herzens und die Form, die sie ihr Leben hindurch fand, obwohl es nur 24 Jahre währte ... Und ihre ganze Spiritualität hat erneut die Wahrheit der Apostelworte bekräftigt: ‚Nein, ihr habt nicht einen Geist empfangen, der euch zu Sklaven macht, so daß ihr euch immer noch fürchten müßtet, sondern ihr habt den Geist empfangen, der euch zu Söhnen macht.‘ Ja, Theresia war ein Kind. Sie war Kind, das bis zum Heroismus vertraute ...“

Theresia vertraute bis zum Heroismus. Ihr Vertrauen wurde wie Gold im Feuer erprobt. Es bewährte sich selbst in der Zeit, in der ihre Seele von den dichtesten Finsternissen überwältigt worden war. Gleich dem Herrn am Kreuz rief sie inmitten ihrer Leiden: „Abba, Vater!“ Aus der Mitte ihrer Glaubensprüfung heraus schenkt uns Theresia das Bild vom kleinen Vogel: Dieser kleine Vogel richtet trotz seiner äußersten Kleinheit sein Auge unverwandt auf die göttliche Sonne. „In einem verwegenen Sichüberlassen“ will er im Anblick seiner Sonne verharren. Nichts kann ihn erschrecken oder vertreiben. Auch

70

wenn düstere Wolken sein Gestirn verbergen, der kleine Vogel rührt sich nicht von der Stelle. „Er weiß ja, daß über den Wolken seine Sonne stets leuchtet …" Der „kleine Vogel" weiß um die Liebe Jesu, die „bis zum Wahnsinn geht … Wie sollte (sein) Vertrauen Grenzen kennen?" [22]

Umkehr zeigt sich an den Früchten

Wer die Liebe des Herrn erkannt hat und ihm Vertrauen schenkt, will Jesus nachfolgen. Konsequente Nachfolge erstreckt sich auf alle Bereiche des Lebens. Sie zeigt sich an der regelmäßigen Teilnahme am kirchlichen Leben und im Alltag.

Theresia berichtet über die Erfahrung, die sie nach ihrer Umkehr gemacht hat: „So große Gnaden sollten nicht ohne Früchte bleiben, ja sie waren überreich, die Übung der Tugend wurde für uns (sie und ihre Schwester) anziehend und selbstverständlich. Anfangs verrieten meine Züge oft den Kampf, aber nach und nach verschwand dieser Eindruck, und das Entsagen wurde mir leicht, selbst im ersten Augenblick. Jesus sagte es: ‚Dem, der hat, wird gegeben werden, und er wird Überfluß haben.' Für eine treu aufgenommene Gnade gewährte Er mir eine Menge weiterer hinzu …" [22]

Umkehr ist an den Früchten, die sie hervorbringt, erkennbar. Der hl. Johannes der Täufer sagt: „Bringt Frucht hervor, die eure Umkehr zeigt" (Mt 3, 8). „Die Früchte sind das Entscheidendste auf unserem Weg zu

Gott und damit auch das Entscheidendste in jeder Form der Erneuerung."[3]

Der Christ, der sich bewußt für die Nachfolge des Herrn entschieden hat, will Früchte hervorbringen. Er wird deshalb alle Gnadenangebote annehmen, seine Beziehung zu den Sakramenten vertiefen und sich dem Heiligen Geist öffnen.

Annahme der Sakramente

Annahme der sakramentalen Gnadenangebote Gottes

Für viele ist der Schritt der Hingabe an Gott verbunden mit dem Empfang und der bewußten Annahme besonderer Gnaden. Gott „teilt den Einzelnen, wie er will" (vgl. 1 Kor 12, 11) seine Gaben aus und verteilt unter den Gläubigen jeden Standes auch besondere Gnaden.[7] Zu den wichtigsten Gaben, die Gott schenkt, gehört das tiefere Verständnis der Sakramente, die „einen neuen Himmel und eine neue Erde (vgl. Offb 21, 1) vorbilden".[7] Auch Leben und Worte der hl. Theresia helfen, die Sakramente der Taufe, der Firmung und der Eucharistie vertieft und erneut anzunehmen.

Taufe

Die Taufe ist das Grundsakrament der Umkehr und des Neubeginns. Es gehört zum Wesen des von Gott angebotenen Taufbundes, daß der Mensch ihn in einem Akt der Hingabe ausdrücklich annimmt.[15] Wer diesen Schritt der Tauferneuerung vollzieht, darf die feste Zuversicht haben, daß Gott Kraft gegen Versuchung und Gefährdung durch das Böse schenkt, die Sünden und menschlichen Schwächen heilt und ihn der Erneuerung durch den Hl. Geist würdig macht. Mit der Erneuerung der Taufe weiß man sich neu von Gott als sein Kind angenommen und bestätigt. Ein Charisma der hl. Theresia bestand darin, den Geist der Kindschaft neu zu verkünden. Sie hat das Wort „Abba, Vater" mit besonderem Nachdruck ausgesprochen. „Weil sie es tat, hat die ganze Kirche die volle Schlichtheit und Frische dieses Rufes wiedergefunden, der seinen Ursprung und seine Quelle im Herzen Christi selber hat", so sagte Papst Johannes Paul II. in Lisieux.

Firmung

Nach dem Gotteslob, dem Gebetbuch der deutschsprachigen Katholiken, will jeder, der seine Firmung erneuert, entschlossen „Zeugnis geben von der Botschaft Christi und von seiner Liebe, von seinem Tod und seiner Auferstehung." Dieses Zeugnis haben alle Heiligen gegeben.

Theresia berichtet von ihrer eigenen Firmung: „Ich freute mich beim Gedanken, nun bald eine volle Christin zu sein und vor allem darüber, auf der Stirn für ewig das geheimnisvolle Kreuz zu tragen, das der Bischof bei der Spendung des Sakramentes zeichnet ..."[22]

Theresia freute sich, daß sie durch die Firmung eine volle Christin geworden war und mit dem Zeichen des Kreuzes besiegelt wurde. Sie begriff nicht, daß man dem Empfang dieses Sakramentes der Liebe keine große Aufmerksamkeit schenkt.[22] Schon als Elfjährige verstand sie tief das Wesen der Firmung. In ihrem kurzen Bericht über ihre Firmung traf sie genau die Formulierung der Konzilstexte, nach der die Gläubigen durch das Sakrament der Firmung „vollkommener der Kirche verbunden und mit einer besonderen Kraft des Heiligen Geistes ausgestattet" [7] werden. Theresia erhielt bei ihrer Firmung „die Kraft zu leiden".[22] Sie war sich bewußt, durch die Firmung zu den „vollen Christen" zu gehören, die das Konzil dazu „verpflichtet, den Glauben als wahre Zeugen Christi in Wort und Tat zugleich zu verbreiten und zu verteidigen".[7]

Eucharistie

„In der Teilnahme am eucharistischen Opfer, der Quelle und dem Höhepunkt des ganzen christlichen Lebens, bringen sie (die Gläubigen) das göttliche Opferlamm Gott dar und sich selbst mit ihm." [7] Wer hingegeben an Christus leben will, will immer tiefer in das Geheimnis der hl. Eucharistie hineingeführt werden. In den Heiligen finden wir Vorbilder und Wegweiser zu der „Quelle des christlichen Lebens":

„Die Lehre über die Eucharistie … ist in den Schriften sehr vieler Heiliger vertieft worden, die für uns ein Beispiel eucharistischer Frömmigkeit darstellen. Ein hervorragendes Beispiel eucharistischer Frömmigkeit ist die

74

hl. Theresia von Lisieux. Dies hat erstmals der hl. Papst Pius X. ausgesprochen. Er gilt bekanntlich als der eucharistische Papst, weil er den Tabernakel weit geöffnet hat ...“ [1]

Am 30. Mai 1889 verfaßte Theresia einen berühmt gewordenen Brief an ihre Kusine Marie Guerin. Diese hatte, von Skrupeln geplagt, nicht gewagt, die hl. Kommunion zu empfangen. Der Vizepostulator des Seligsprechungsprozesses von Schwester Theresia vom Kinde Jesus übergab in einer Privataudienz Papst Pius X. diesen Brief mit der Bitte, ihn zu lesen, und bemerkte: „Damit hat diese kleine Heilige im voraus einen Kommentar zu dem Dekret Eurer Heiligkeit über die öftere Kommunion gegeben.“ Pius X. zeigte sich hocherfreut und sprach den Wunsch aus, der Seligsprechungsprozeß möge rasch zu Ende geführt werden.[2]

In diesem Brief heißt es: „(Der Teufel) will Jesus eines geliebten Tabernakels berauben. Kann er selbst nicht in dieses Heiligtum eindringen, so will er wenigstens, daß es leer und ohne Meister sei! ... (Meine Liebe), denk doch daran, daß Jesus im Tabernakel eigens für dich da ist, für dich allein. Er brennt von Verlangen, in dein Herz zu kommen ... Höre nicht auf den Dämon, verlache ihn und empfange ohne Furcht den Jesus des Friedens und der Liebe!“ [2]

Im christlichen Leben kommt es auf die Erfüllung des größten Gebotes an: Gott und den Nächsten zu lieben. Die hl. Eucharistie ist die Quelle der Liebe, das „Sakrament der Liebe“. Aus ihr fließen uns Kraft und Gnade zu.

Theresia hat die Notwendigkeit erkannt, oft zu dieser Quelle der Kraft und der Liebe hinzutreten: „Nicht um im goldenen Kelch zu verweilen, steigt er täglich vom Himmel hernieder, sondern um einen anderen Himmel zu finden, der ihm unendlich viel teurer ist als der erste: den Himmel unserer Seele, nach seinem Bilde geschaffen, den lebendigen Tempel der anbetungswürdigen Dreifaltigkeit! ..." [22]

Ihre Kusine Marie Guerin ermuntert sie zum Kommunionempfang auch mit folgenden Worten: „Geliebte Schwester, kommuniziere oft, sehr oft ... Das ist das einzige Heilmittel, wenn Du gesund werden willst." [2]

Theresia trifft ihre Aussagen über den Empfang der hl. Eucharistie zu einer Zeit, die noch stark vom Jansenismus geprägt war. Die Angst vor einer unwürdigen Kommunion hielt die meisten Katholiken ein Leben lang vom Empfang der Eucharistie fern. Doch Theresia hatte verstanden, daß die hl. Kommunion kein Lohn für Fromme und Vollkommene ist. Sie ist so sehr vom Geist der Kindschaft erfüllt, daß sie keine Furcht vor dem Gott der Liebe kennt. Sie schaut nicht so sehr auf ihre Schwäche – der gerechte Gott rechnet ja mit ihr – als auf Jesus selbst. Er, der „krank ist vor Liebe" [2], „brennt vor Sehnsucht", in unser Herz zu kommen. Der Empfang der Eucharistie ist nicht nur für Gesunde.

Theresia kannte das Herz ihres besten Freundes. Sie wußte, daß er im Evangelium gesagt hatte: „Nicht die Gesunden brauchen den Arzt, sondern die Kranken. Ich bin gekommen, um die Sünder zu rufen, nicht die Gerechten" (Mk 2, 17). So konnte sie mit der Sicherheit des Kindes, das in die unendliche Liebe Gottes vertraut, dazu auffordern, das „einzige Heilmittel" zu empfangen. „Die Heilige Eucharistie enthält ... das Heilsgut der Kirche in seiner ganzen Fülle, Christus selbst ..." Um das „Heilmittel", das „Heilsgut", empfangen zu können, ist nur eines erforderlich: demütige Dankbarkeit. Eucharistie ist Danksagung. Theresia hat dies verstanden. Dankbarkeit besteht darin, Geschenke in Demut anzunehmen.

Diese Haltung will Theresia auch an ihrer Kusine sehen, wenn sie ihr schreibt: „Danke dem lieben Gott für alle Gnaden, die er Dir schenkt, und sei nicht so undankbar, sie nicht anzuerkennen. Du kommst mir vor wie ein kleines Dorfmädchen, um dessen Hand ein mächtiger König anhält, und das nicht einzuwilligen wagt unter dem Vorwand, es sei nicht reich, nicht gebildet genug ... ohne daran zu denken, daß sein königlicher Bräutigam seine Armut und Schwachheit besser kennt als es selbst ... wenn Du nichts bist, darfst Du nicht vergessen, das Jesus alles ist. Deshalb mußt Du dein kleines Nichts in sein unendliches Alles hineinverlieren und nur noch an dieses einzig liebenswerte Alles denken ..." [2]

Theresia selbst, die „kleine Theresia", ist sich ihrer Armseligkeit und Schwäche stets bewußt. Eben darin sieht sie eine große Gnade, denn Jesus gefällt es, „sie wie den hl. Paulus die Wissenschaft zu lehren, sich ihrer Schwachheit zu rühmen".[2]

Ja, Theresia findet den „Frieden und die Ruhe des Herzens", wenn sie sich als schwach erkennt, denn gerade deshalb schaut sie nicht mehr auf sich selbst, sondern auf den Herrn.

Theresia lebt tatsächlich dem Herrn. Sie empfängt die hl. Eucharistie, um „gesund" zu werden, nicht aber zu ihrem fühlbaren Trost. In erster Linie will sie sich an ihn, der sich ihr schenkt, ganz verlieren. Ihm will sie „Freude machen". Durch die Teilnahme am eucharistischen Opfer wächst Theresia immer mehr in die Haltung der Hingabe hinein. Sie hält sich dem Herrn hin und läßt an sich geschehen.

In einem ihrer Gedichte bringt Theresia zum Ausdruck, wie sehr sie vom Geist der Hingabe an den eucharistischen Herrn beseelt ist:

„Jesus, du wahrer und heiliger Weinstock,
du weißt es, mein göttlicher Freund,
als goldene Traube will ich zerfließen,
vergehen für Dich.

Unter der Kelter der Leiden
Will meine Lieb' ich Dir zeigen.
Ich will keine anderen Freuden,
ich will, daß Du mein Opfer hast.

Ich bin erwählt, o welche Freude,
Ein Körnchen unter dem reinen Weizen zu sein.
Ich will mein Leben in Dich verlieren!
Wie groß wird mein Entzücken sein.

Ich bin Deine liebe Braut,
O komm, Geliebter, leb' in mir!
Ich bin berauscht von Deiner Schönheit,
O komm, verwandle mich in Dich!" [19]

Hingabe – das ist Ziel und Frucht der Umkehr. „Theresias Leben der Hingabe an Gott ist eng verknüpft mit ihrem sakramentalen Leben, und ihr Weg der geistigen Kindheit ist der Eucharistie untergeordnet." [6]

Offen für den Hl. Geist

Je tiefer sich der Mensch an Gott bindet, umso offener wird er für die Gaben des Heiligen Geistes. „Urbild der Offenheit des Christen ist die Bereitschaft Mariens, das Wirken Gottes an sich geschehen zu lassen (vgl. Lk 1, 38) … Durch ihr Ja-Wort hat sie daran mitgewirkt, daß das Wort Gottes aus ihr geboren wurde. Auch in uns will Gott Leben wecken." [16]

Auch uns will er mit seinen Gaben reich beschenken, wenn wir dem Ruf zu Umkehr und Hinkehr zu Gott folgen.

Je bereitwilliger und entschlossener sich jemand in die Nachfolge Jesu begibt, desto mehr wird er sich dem Wirken des Heiligen Geistes öffnen. Am vollkommensten hat dies Maria, die Braut des Hl. Geistes, getan. Aber auch alle anderen Heiligen sind Ansporn, Hilfe und Ermutigung für uns, in Demut die Gaben des Geistes zu erwarten.

Ein aussagekräftiges Bild, um die Offenheit und Empfinglichkeit für den Geist Gottes auszudrücken, sind die leeren Hände. Theresia von Lisieux ist nur von der Perspektive ihrer Vollendung aus die Heilige mit den Rosen in den Händen. Auf ihrem Weg zu Gott ist sie die „Heilige mit den leeren Händen".

Weil sie die geistliche Armut verstanden, gelebt und geliebt hat, hat sie alles von Gott erwartet. Bis zu ihrem Tode wird sie nicht müde zu wiederholen: Man erwartet nie zuviel von Gott, der allmächtig und barmherzig ist. Man erlangt von ihm alles nach dem Maß des Vertrauens. Theresias Vertrauen, ihre blinde Hoffnung auf Gottes Barmherzigkeit, sind ihr „einziger Schatz".[2]

Theresia zählt nicht auf ihre Verdienste, auf keines ihrer Werke. Im Gegenteil! Sie liebt ihre Armut, ihre Kleinheit, ihre leeren Hände: „Am Abend dieses Lebens werde ich mit leeren Händen vor dir erscheinen. Ich bitte dich nicht, Herr, meine Werke zu zählen. All unsere Gerechtigkeiten sind befleckt in deinen Augen. Ich will mich also mit deiner eigenen Gerechtigkeit bekleiden und von deiner Liebe dich als ewigen Besitz empfangen."[22]

Auf ihrem Krankenlager, kurz vor ihrem Tode, sagte sie: „Auch wenn ich alle Werke des hl. Paulus vollbracht hätte, würde ich mich immer noch als ‚unnützer Knecht' fühlen, aber gerade das macht meine Freude aus, denn wenn ich nichts habe, werde ich alles vom lieben Gott empfangen."[13]

Ein anderes Mal drückt Theresia ihre Offenheit vor Gott mit folgenden Worten aus: „... ich strecke dir die Hände hin wie ein Bettelkind, und ich weiß, daß du mich überreich erhören wirst, weil du so gut bist ..."[8]

Theresia beschreibt in einem Brief an Schwester Marie du Sacre Coeur die innere Haltung, die notwendig ist, damit die verzehrende und umgestaltende Liebe Gottes wirken kann: „... man muß einwilligen, immer arm und kraftlos zu bleiben, und das ist schwer, denn: ‚Den Armen im Geiste, wo soll man ihn finden, man muß ihn weit suchen', sagt der Psalmist…" [2]

Maria singt im Magnifikat: „Die Hungernden beschenkt er mit seinen Gaben und läßt die Reichen leer ausgehen" (Lk 1, 53).

Sie, das „Urbild der Offenheit", war immer leer vor Gott und konnte deshalb in einer vollkommenen Weise „mit seinen Gaben" beschenkt werden. Theresia hat wie ihre himmlische Mutter die Offenheit zum Herrn hin zur Grundhaltung ihres Lebens gemacht. Sie steht vor Gott mit leeren Händen und öffnet sich, gleich einer Blume, den wärmenden Strahlen der Sonne, hin zur göttlichen Sonne.

Theresia ermutigt uns zu einer Haltung der völligen Offenheit. Wie sie sollen und können wir vom Heiligen Geist seine vielfältigen Gaben gemäß seinem Reichtum und den Erfordernissen der Dienste [7] in unbegrenzter Fülle erwarten.

Die höchste Gabe

Jagt der Liebe nach

Den Weg zum Vater einschlagen heißt, sich immer mehr in seine Liebe hineinziehen zu lassen. Die Liebe ist die höchste Gabe des Hl. Geistes. Das Maß der Liebe zeigt, auf welcher Stufe der Umkehr sich der Mensch befindet und welche Frucht er bereits gebracht hat.

„Ich zeige euch jetzt noch einen anderen Weg, einen, der alles übersteigt" (1 Kor 12, 31b). So schreibt der hl. Paulus, nachdem er die Gemeinde von Korinth über die Gaben des Geistes belehrt hatte. Dieser Weg, der alles übersteigt, ist der Weg der Liebe. „Jagt der Liebe nach!" (1 Kor 14, 1) ruft er uns zu. Der Apostel, der uns das Hohelied der Liebe geschenkt hat, weiß aus Erfahrung: Ohne die Liebe „wäre ich nichts" (1 Kor 13, 2). Ohne die Liebe nützte selbst die Hingabe des Lebens nichts (vgl. 1 Kor 13, 3). Niemand kann ein echter Christ sein, ohne nach der Liebe zu streben. Nur die Liebe kann den Christen zur Vollendung bringen. „Liebe" war auch die Kurzformel für Leben und Sendung der hl. Theresia. Selbst die himmlische Seligkeit ist für Theresia nur deshalb anziehend, weil sie das einzig Erstrebenswerte ermöglicht: „Lieben, geliebt werden und auf die Erde zurückkommen (um die Liebe zu lehren)."

In der Liebe hat Theresia ihre Berufung erkannt: „... endlich habe ich meine Berufung gefunden, meine Berufung ist die Liebe! ..."

Weil Theresia „die Liebe" sein will, findet sie auch ihren Platz in der Kirche: „Ja, ich habe meinen Platz in der Kirche gefunden, und diesen Platz, mein Gott, den hast du mir geschenkt ... im Herzen der Kirche, meiner Mutter, werde ich die Liebe sein ... so werde ich alles sein ..." [22]

Theresia ist den „Weg der Liebe" gelaufen.[13] In der Liebe hat sie das „einzige Gut" [22] erkannt. Ungezählte Male hat sie von der Liebe gesprochen und sie auch zum Thema ihres Abschiedswortes gemacht, das sie an ihre

Lieblingsschwester Celine gerichtet hat: „Alles ist gut, alles ist vollkommen, vollendet, allein die Liebe zählt." [13]

Theresia hinterläßt dieses Wort auch uns als Testament. Umkehr heißt: sich aufmachen zum Vater, der uns liebt, und auf seine Liebe mit Liebe antworten.

Gottesliebe

Entscheidend auf dem Weg der Umkehr ist die „neue Verbundenheit mit Gott". [13] Mit Gott verbunden ist, wer an seine Liebe glaubt, sich ihr überläßt und auf sie mit Liebe antwortet.

Gott zu lieben war die große Sehnsucht Theresias. Ihr Leben wurde einzig von der Liebe zu Gott bestimmt: „Jetzt habe ich keinen Wunsch mehr außer dem einen, Jesus bis zur Torheit zu lieben … Nur die Liebe allein zieht mich noch an … jetzt leitet mich nur noch die Hingabe, ich habe keinen anderen Kompaß! …" [22]

In ihrem Hingabeakt hat sich Theresia ausdrücklich der göttlichen Liebe völlig ausgeliefert. Bis zum Ende ihres Lebens hat sie ihre Haltung bekräftigt.

Diese Grundhaltung der Liebe, aus der Theresia lebte, greift Georg Popp auf, wenn er schreibt: „Je mehr wir aber unser Leben von Gottes Anwesenheit, von Gottes Liebe bestimmen lassen, um so mehr wandelt Gott unser Leben! Durch die Anwesenheit seiner Liebe in uns schafft Gott uns zu einem neuen Menschen: ‚Ich schenke ihnen ein anderes Herz und schenke ihnen einen neuen Geist!'" (Ez 11, 19).

Nächstenliebe

In einer Ansprache Papst Pauls VI. im Jahre 1975 betont dieser, daß allein das Streben nach Liebe den Christen zur Vollendung bringt. Paul VI. greift das Wort des Apostels Paulus auf: „Vor allem aber liebt einander, denn die Liebe ist das Band, das alles zusammenhält und vollkommen macht" (Kol 3, 14). Die Liebe zu Gott erweist sich in der Liebe zueinander. Nur „wenn wir füreinander leben, dann leben wir Gottes Leben, dann leben wir ein Leben der Liebe, so wie uns Jesus zu leben gelehrt hat" [15]. Theresia, deren Leben von der Liebe bestimmt war, bekennt: „Ich habe mich vor allem bemüht, Gott zu lieben, und indem ich ihn liebte, erkannte ich, daß sich meine Liebe nicht nur in Worten äußern durfte …" Es kommt darauf an, den Willen Gottes zu erfüllen. Dieser gipfelt im neuen Gebot, das Jesus uns verkündet hat: „…Wie ich euch geliebt habe, so sollt auch ihr einander lieben …"

Im letzten Teil ihrer selbstbiographischen Schriften gewinnen wir Einblick, wie sehr Theresia dieses Gebot der Nächstenliebe verwirklicht hat. Ihrem Vorbild nachzueifern bedeutet, dem Wort Papst Pauls VI. gemäß, der „Herausforderung der Liebe" keine Grenzen zu setzen.[16]

Liebe zur Kirche

Die erste und wichtigste Frucht der echt vollzogenen Umkehr ist die Liebe: Liebe zu Gott, Liebe zum konkreten Nächsten, aber auch die Liebe zur Gemeinschaft der Gläubigen, der Kirche.

Immer wieder begegnen wir Menschen, die Ja zu Christus sagen, die Kirche aber ablehnen. Dieser Schwierigkeit begegnet Kardinal Suenens mit der Feststellung: „Ohne Kirche hättet Ihr Jesus Christus nicht!"

Neben einer theologischen Klärung über das Wesen der Kirche ist es erstrebenswert, bei den Heiligen in die Schule zu gehen, um von ihrer Liebe zur Kirche zu lernen.

Theresia von Lisieux war stolz darauf, „Tochter der Kirche" [22] zu sein. Sie suchte ihren Platz in der Kirche, sie liebte die Kirche, ihre Mutter, und stellte all ihre Verdienste der Kirche zur Verfügung.

Theresia hatte keine Schwierigkeiten mit der Kirche. Die Kirche war für sie vor allem eine Mutter, die trotz Fehler und Mängel das Wesentliche ihrer Aufgabe behält: Leben geben und Leben lieben. Theresia sieht in der Kirche den Leib Christi. Jedes Glied trägt bei zum Wohl oder Wehe des ganzen Leibes. Theresias Lebensprogramm, im Herzen der Kirche die Liebe zu sein, läßt sie unmittelbar teilhaben am göttlichen Heilsplan in seiner ganzen Weite und Fülle.

Das letzte Kapitel im Konzilsdekret über die Kirche ist der Gottesmutter Maria, dem „Urbild der Kirche", gewidmet. Die Heilige Synode mahnt alle Kinder der Kirche, die selige Jungfrau anzurufen und zu verehren. Theresia weist uns auf eine gesunde Marienverehrung hin. Sie lehnte die oftmals falsche und übertriebene Marienfrömmigkeit ihrer Zeit ab und suchte das wahre Bild Marias, wie das Evangelium es zeigt. Theresia kritisierte die Predigten über Maria, die der Wahrheit nicht entsprachen und daher keine Frucht bringen konnten.

Vor allem aber wollte Theresia die Demut und den Glauben Marias nachahmen: „… Möchten die Priester uns doch die Tugenden zeigen, die wir üben können! Von ihren Vorzügen zu reden ist gut, aber vor allem müßte man sie nachahmen können. Ihr ist Nachahmung lieber als Bewunderung, und ihr Leben ist so einfach gewesen! Eine Predigt über die hl. Jungfrau mag noch so schön sein, wenn man aber dabei gezwungen ist, ununterbrochen Ah! … Ah! … zu sagen, dann bekommt man genug. Wie gerne singe ich ihr: Du hast den geraden Weg in den Himmel sichtbar gemacht. Indem Du immer die demütigsten Tugenden geübt hast …" [13]

Theresias realistische Sicht für echte Marienverehrung hinderte sie natürlich nicht, ihre himmlische Mutter glühend zu lieben.

Ihrer Kusine Marie Guerin schrieb sie: „Fürchte nicht, Du könntest die Muttergottes zu sehr lieben. Niemals wirst du sie genug lieben, und Jesus freut sich darüber, weil sie seine Mutter ist." [2] Ein Lächeln der Mutter Gottes hatte einst Theresia in ihrer Kindheit geheilt. Niemals konnte es Theresia vergessen. Ein Abglanz dieses Lächelns spiegelte sich im Antlitz der Heiligen. Durch alles, was Theresia tat und sagte, strahlte es hindurch. Alles an Theresia war anmutig, liebenswürdig, schwerelos. Lächeln war Theresias Schleier, der ihre Kämpfe verbarg. Es war Theresias liebstes Werkzeug ihrer Buße und Selbstüberwindung. Das letzte Gedicht Theresias galt Maria. In ihm heißt es: „Du, die Du mir am Morgen meines Lebens zugelächelt hast, komm und empfange mich auch am Abend meines Lebens mit Deinem Lächeln." [19]

Und die allerletzten Worte, die Theresia in ihrem Leben geschrieben hat, lauten: „O Maria, wenn ich die Königin des Himmels wäre und du Theresia, so wollte ich Theresia sein, damit du die Königin des Himmels wärest! [21]

Liebe zum Wort Gottes

„Die Liebe zum geoffenbarten und unter der Führung des Hl. Geistes niedergeschriebenen Wort Gottes bürgt für euer Verlangen, ‚festzubleiben im Evangelium', wie es die Apostel verkündet haben …", so Papst Johannes Paul II. in »Dokumente«. Die wachsende Liebe zum Herrn, die eine Frucht der Umkehr ist, wird sich auch in einer vertieften Liebe zur Hl. Schrift äußern. In ihr finden wir ja das Bild des Vaters, in ihr begegnen wir dem Herrn.

Theresias Leben war vom Wort Gottes geprägt. Das Evangelium ruhte buchstäblich auf ihrem Herzen, noch mehr trug sie es in ihrem Herzen, so daß sie schließlich zum „gelebten Evangelium" geworden ist. In allen Fragen orientierte sie sich am Evangelium. In ihm fand sie alle Antworten, alle Klarheiten, die sie brauchte: „Das Evangelium … vor allem … gibt mir das Nötige für das innere Gebet, in ihm finde ich alles, was meine arme kleine Seele braucht. In ihm entdecke ich immer neue Klarheiten, verborgene und geheimnisvolle Bedeutungen …" [22]

Alles, was Theresia lebte und lehrte, schöpfte sie aus der Hl. Schrift. Der „Kleine Weg", den sie uns schenkte, war nicht ihre Erfindung. Er ist die Wiederentdeckung der Kernbotschaft des Evangeliums. Theresia griff auch immer wieder zum Alten Testament. In sehr persönlicher Weise vertiefte sie sich in die Texte des Propheten Jesaja, in das „Hohelied" und in die Psalmen. All ihre Schriften sind durchwoben mit Stellen aus der Hl. Schrift und geben Zeugnis davon, wie sehr ihr Leben vom Wort Gottes geprägt war.

Wenn Theresia die Hl. Schrift betrachtete, fand sie sich immer ganz persönlich angesprochen und wandte ihre persönliche Interpretation, ohne Abstriche zu machen, auf ihr Leben an: „… Will jemand mit dir rechten um deinen Rock, überlaß ihm auch deinen Mantel. Seinen Mantel lassen heißt, wie mir scheint, auf seine letzten Rechte verzichten, sich als Magd, als Sklavin der andern betrachten. Hat man den Mantel abgelegt, ist es leichter zu gehen, zu laufen, daher fügt Jesus hinzu: Und wer immer dich nötigt, tausend Schritte mit ihm zu gehen, gehe zweitausend mit ihm. So genügt es also nicht, jedem zu geben, der immer mich bittet, man muß den Wünschen zuvorkommen, sich sehr erfreut zeigen, einen Dienst erweisen zu dürfen …" [22]

Theresia war immer überzeugt, daß ihr beim Lesen der Bibel der Herr unmittelbar begegnete und sie unterwies. Ohne theologisch-exegetische Vorbildung durchforschte sie die Hl. Schrift mit ihrem klaren Verstand und ließ ihr offenes Herz durch die Worte der frohen Botschaft bewegen. Das Wort des Lebens gab ihr Licht und Kraft, theologische Bücher ließen sie kalt.

Über geistliche Abhandlungen schrieb sie: „Manchmal, wenn ich gewisse geistliche Abhandlungen lese …

ermüdet mein armer kleiner Geist gar schnell. Ich schließe das gelehrte Buch, das mir Kopfschmerzen macht und das Herz austrocknet und greife zur Hl. Schrift. Dann erscheint mir alles voll Licht. Ein einziges Wort erschließt meiner Seele unendliche Horizonte, die Vollkommenheit erscheint mir leicht (erreichbar), ich sehe, daß es genügt, sein Nichts zu erkennen und sich wie ein Kind Gott in die Arme zu werfen." [2]

Das Evangelium wurde für Theresia tatsächlich „das Buch". Am Ende ihres Lebens gestand sie: „Für mich finde ich nichts mehr in den Büchern außer im Evangelium. Dieses Buch genügt mir. Mit Entzücken lausche ich auf jenes Wort Jesu, das mir alles sagt, was ich zu tun habe: ‚Lerne von Mir, denn Ich bin sanftmütig und demütig von Herzen.' Dann finde ich den Frieden nach seiner beseligenden Verheißung: ‚… Und ihr werdet Frieden finden für eure Seelen.' " [13]

Die prophetische Rede

Der hl. Paulus sagt uns: „Jagt der Liebe nach! Strebt aber auch nach den Geistesgaben, vor allem nach der prophetischen Rede!" (1 Kor 14, 1). Die Prophetie spielte in der frühen Kirche eine bedeutsame Rolle. Im Laufe der Kirchengeschichte ist sie stark zurückgetreten, heute aber wieder neu aufgebrochen. Den Heiligen ist es zu verdanken, daß diese Gabe des Geistes, die Paulus so hochschätzt, nie gänzlich untergegangen ist. Zu diesen Heiligen, die in besonderer Weise am „prophetischen Amt Christi" [7] teilnahmen, zählt auch Theresia von Lisieux.

„Prophetie ereignet sich auf vielfältige Weise: in der Verkündigung, in der Evangelisierung der Christen untereinander und im Glaubenszeugnis vor einer skeptischen und atheistischen Umwelt." [16] Theresia hat in jeder dieser Weisen das Amt eines Propheten ausgeübt. In der Verkündigung griff sie die Kernbotschaft des Evangeliums wieder auf. Durch ihren glühenden apostolischen Geist wurde sie zur Patronin der Weltmissionen. Schließlich legte sie durch ihr ganzes Leben – in seiner Blüte wie in seiner Nacht – ein leuchtendes Zeugnis für ihren Glauben an Gott und seine Liebe ab.

In dem von der Österreichischen Bischofskonferenz approbierten Dokument über „Gemeindeerneuerung aus dem Geist Gottes" heißt es: „Der einzelne wächst in der Regel in einem längeren Prozeß der Auslieferung an Gott in die Ausübung der Prophetengabe hinein … Grundlegend für jeden prophetischen Dienst ist die gleichzeitige Offenheit für die Eingebung des Hl. Geistes und für die jeweilige Situation derer, an die von Gott her das Wort ergehen soll."

Jede dieser Voraussetzungen hat Theresia vollkommen erfüllt. Von frühester Jugend an pflegte sie den vertrauten Umgang mit dem Herrn. Schon als Zehnjährige hörte sie „mit Gewißheit" den göttlichen Ruf in den Karmel. Als Erwachsene konnte sie feststellen, daß sie Gott schon damals, ohne es zu wissen, im geheimen belehrte.[22]

Über ihr geistliches Leben im Karmel schrieb sie: „Ich habe oftmals bemerkt, daß Jesus mir keine Vorräte geben will. Er nährt mich jeden Augenblick mit einer ganz neuen Nahrung. Ich finde sie in mir vor, ohne zu wissen wie … Ich glaube ganz einfach, daß Jesus selbst, im Grunde meines armen kleinen Herzens verborgen, mir die Gnade erweist, in mir zu wirken, und daß er mir alles eingibt, was ich nach seinem Willen im gegenwärtigen Augenblick tun soll." [22]

„Ich erkenne und ich weiß aus Erfahrung, das ,Reich Gottes ist innen in uns'. Jesus bedarf keiner Bücher noch Lehrer, um die Seelen zu unterweisen. Er, der Lehrer der Lehrer, unterrichtet ohne Wortgeräusch … Nie hörte ich ihn sprechen, aber ich fühle, daß er in mir ist, jeden Augenblick, er leitet mich und gibt mir ein, was ich sagen oder tun soll. Ich entdecke gerade in dem Augenblick, da ich dessen bedarf, Klarheiten, die ich noch nicht geschaut hatte ." [22]

Jesus unterwies sie. Er belehrte sie. Er leitete sie. Als Theresia Novizenmeisterin geworden war, machte sie die Erfahrung: „(Ich) erkannte … sogleich, daß die Aufgabe meine Kräfte überstieg." [22]

Zugleich wußte sie, daß die Schätze des Vaters auch ihr gehörten und daß sie ihr nicht verweigert wurden, wenn sie darum bat. Notwendig hierfür ist nur die Hingabe: „… ich fühlte, daß nur eines nottut: mich mehr und mehr mit Jesus zu vereinen, und daß das übrige mir hinzugegeben werde. In der Tat, nie ist meine Hoffnung enttäuscht worden. Der Liebe Gott hat meine kleine Hand zu füllen geruht, sooft es nötig war …" [22]

Über ihr Amt als Novizenmeisterin berichtete sie: „Oft sagen die Novizinnen zu mir: ,Sie haben eine Antwort auf alles. Diesmal glaubte ich, Sie in Verlegenheit zu bringen … wo haben Sie nur all das her, was Sie uns sagen?' "

Theresia verriet uns ihr Geheimnis: „Ich spürte wohl, daß der Liebe Gott ganz nah war, daß ich, ohne es zu merken, wie ein Kind Worte gesprochen hatte, die nicht von mir, sondern von Ihm stammten."

Weil Theresia ganz hingegeben an Jesus lebte, gewann sie immer mehr Sicherheit, daß der Hl. Geist sie leitete. Am Ende ihres Lebens machte sie prophetische Aussagen von erstaunlicher Kühnheit. Sie bezogen sich vor allem auf zwei Themen: auf ihren „kleinen Weg" und auf ihre Sehnsucht, auch nach ihrem Tod Gutes zu wirken.

Kurz vor ihrem Tod erkannte Theresia klar ihre Sendung. Sie mußte ihren „Kleinen Weg" verkünden. Sie wußte, daß sie dadurch viel Gutes wirken und den Menschen Hoffnung schenken würde. Mit erstaunlicher Kühnheit sagte die Prophetin an der Schwelle des 20. Jahrhunderts voraus: „Die ganze Welt wird mich lieben." – Ihre Prophezeiung ist eingetroffen.

Ebenso haben sich ihre Versprechen erfüllt, die sie ihren Schwestern und geistlichen Brüdern – und durch sie auch uns – gegeben hat: „Ich rechne bestimmt damit, im Himmel nicht untätig zu bleiben. Mein Wunsch ist, weiter für die Kirche und die Seelen zu arbeiten. Ich bitte den lieben Gott darum, und ich bin sicher, daß er mich erhören wird." [2]

Theresia machte Versprechungen, die keinen Zweifel dulden. Immer wieder heißt es: „Ich verspreche Dir ...", „Ich werde ..."

Theresia wußte um ihre Kühnheit: „Es ist vielleicht Vermessenheit. Doch nein, seit langem hast du mir erlaubt, dir gegenüber kühn zu sein. Wie der Vater des verlorenen Sohnes zu seinem Ältesten, so sprachst du zu mir: ‚Alles, was mein ist, ist dein.' Deine Worte, o Jesus, sind also mein, und ich kann mich ihrer bedienen ...“ [22]

„Deine Worte sind mein.“ Davon war Theresia überzeugt. Es waren seine Worte, die Theresia in ihrem Inneren vorfand. Ebensogern bediente sie sich der Worte des Evangeliums. Sie wußte sich von Gott getragen, geborgen und geliebt. Deshalb scheute sie auch nicht davor zurück, selbst das Hohepriesterliche Gebet Jesu zu dem ihren zu machen: „Ich habe dich auf Erden verherrlicht. Ich habe das Werk vollendet, das zu vollbringen du mir aufgetragen hast. Ich habe deinen Namen kundgetan denen, die du mir gegeben hast: sie waren dein, und du hast sie mir geschenkt. Jetzt erkennen sie, daß alles, was du mir gegeben hast, von dir stammt, denn ich habe ihnen die Worte mitgeteilt, die du mir mitgeteilt hast ...“ [22]

Theresia war Prophetin. Ihre Hingabe, ihre völlige Auslieferung an Gott, ihr vertrauter Umgang mit dem Herrn, ihre Demut und ihr grenzenloses Vertrauen haben ihr die Sicherheit verliehen, Gottes Worte zu sprechen. An ihrem Beispiel können wir erfahren, wie der Herr uns haben möchte, um den Dienst des Propheten in der Kirche auszuüben.

Lobpreis

„Laßt in eurer Mitte Psalmen, Hymnen und Lieder erklingen, wie der Geist sie eingibt. Singt und jubelt aus vollem Herzen zum Lob des Herrn“ (Eph 5, 19). Nach den Worten des hl. Paulus soll der Lobpreis eine vorrangige Stelle im Leben des Christen einnehmen. Von der christlichen Urgemeinde heißt es: „Sie lobten Gott und waren beim ganzen Volk beliebt" (Apg 2, 47).

Gleich den ersten Christen sollen „alle Jünger Christi ausharren im Gebet und gemeinsam Gott loben". Diese Bitte richten die Konzilsväter des II. Vatikanums eindringlich an alle Gläubigen.

Der Lobpreis ist die beglückendste Aufgabe des Christen. Anbetung und Lobpreis sind nichts anderes als Fortsetzung und Ausdruck der Ganzhingabe. Deshalb ist eine erneuerte Kirche, nach dem Vorbild Jesu Christi selbst, seiner Mutter und der Heiligen, neu zum Lobpreis befreit.

Theresia von Lisieux war eine „singende Seele". Sie wußte, daß die Ewigkeit mit dem Lob der Herrlichkeit und Güte Gottes ausgefüllt wird. Doch nichts wird vollendet, das nicht schon hier begonnen hat. So wollte Theresia auch die kurze Zeit ihres Erdenlebens mit dem Lob Gottes verbringen: „… ich will ja nur eines tun: Mit Singen anheben, was ich in Ewigkeit immer neu singen soll – ‚Die Erbarmungen des Herrn!' …"

Mit dieser Absicht hatte sich Theresia daran gemacht, im Gehorsam die Geschichte ihres Lebens niederzuschreiben. Ihre Freude fand sie darin, von den „ganz unverdienten, zuvorkommenden Gnaden Jesu künden zu dürfen".

Ja, Theresia fand sich mit Gnaden überhäuft: „… Er, der in den Tagen seines Erdenlebens in aufwallender Freude ausrief: ‚Ich preise dich, Vater, daß du dies den Weisen und Klugen verborgen, den Kleinen aber kundgetan hast', wollte in mir seine Barmherzigkeit aufbrechen lassen. Weil ich klein und schwach war, ließ er sich zu mir herab und unterwies mich im geheimen in den Dingen seiner Liebe."

Sie, die arm und klein bleiben wollte, erkannte: „Jesus fordert keine großen Taten, sondern nur Hingabe und Dankbarkeit, weil er doch im 50. Psalm sagt: ,… Doch nehme ich von dir Stiere nicht an noch Böcke aus deinen Hürden. Denn mir gehört alles Getier des Waldes, das Wild auf den Bergen zu Tausenden … Soll ich denn das Fleisch von Stieren essen und das Blut von Böcken trinken? Bring Gott als Opfer dein Lob, und erfülle dem Höchsten deine Gelübde.' Das ist alles, was Jesus von uns fordert. Er bedarf unserer Werke nicht, sondern nur unserer Liebe …"

Die Liebe, die Hingabe, die wir dem Herrn darbringen, sind die ihm wohlgefälligen Lobopfer. Theresia, die sich zum „Opfer seiner barmherzigen Liebe" gemacht hatte, wollte ihre Liebe auf vielerlei Weisen beweisen. Niemals, auch nicht inmitten von „Dornen", wollte sie aufhören, dem Herrn zu singen, ihn zu loben und zu preisen:

„Ich habe kein anderes Mittel, dir meine Liebe zu beweisen, als Blumen zu streuen, das heißt, ich will mir kein einziges kleines Opfer entgehen lassen, keinen Blick, kein Wort, will die geringfügigsten Handlungen benutzen und sie aus Liebe tun … Blumen streuend werde ich singen … singen werde ich, auch wenn ich meine Blumen mitten aus Dornen pflücken muß, und mein Gesang wird um so wohlklingender sein, je länger und spitzer die Dornen sind."

Zu ihrer Lieblingsheiligen erkor Theresia die hl. Cäcilia, weil ihr Leben von Lobgesang erfüllt war. Diese Heilige wurde zur Vertrauten ihres Herzens, weil sie den Gleichklang ihrer Seelen entdeckt hatte: „… als ich hörte, daß man sie (die hl. Cäcilia) zur Königin im Reiche der Töne erhoben habe, nicht wegen ihrer schönen Stimme oder ihres musikalischen Talentes, sondern um des jungfräulichen Lobgesanges willen, den sie für ihren himmlischen Bräutigam … angestimmt hat, da empfand ich für sie mehr als Verehrung: eine wahrhaft zärtliche Freundschaft … Sie wurde meine Lieblingsheilige, die Vertraute meines Herzens … Alles an ihr entzückte mich, zumal ihre Hingabe, ihr grenzenloses Vertrauen … Die hl. Cäcilia gleicht der Braut im Hohenliede. In ihr erblicke ich ‚Einen Chor in einem Heerlager‘! … Ihr ganzes Leben war ein melodischer Gesang, selbst inmitten der schwersten Prüfungen …"

Der Lobpreis lenkt ab von sich selbst. Er zieht den Blick auf den Herrn, vertieft die Hingabe und stärkt das Vertrauen. Mit Überzeugung und Freude ging Theresia „singend" den Weg der Hingabe und des Vertrauens.

Der kleine Weg

Lobpreis, Dankbarkeit und Liebe erfüllten das Herz der Heiligen von Lisieux. „Singend" ging sie ihren Weg der Hingabe und des Vertrauens, ihren „kleinen Weg". Oft hatte Theresia den Wunsch und die Gewißheit ausgedrückt, auch nach ihrem Tod Gutes zu tun, indem sie für die Kirche beten und den Menschen ihren Weg lehren werde. Ihre Schwester Pauline (Mutter Agnes von Jesus) bat sie, diesen Weg näher zu erklären. Theresia antwortete: „… es ist der Weg der geistlichen Kindschaft, es ist der Weg des Vertrauens und der gänzlichen Hingabe."

Schon als kleines Mädchen wollte Theresia eine große Heilige werden. Aber wenn sie sich mit den Heiligen verglich, mußte sie feststellen, daß zwischen ihnen und ihr ein Unterschied bestand wie in der Natur zwischen dem hohen Berg, dessen Gipfel sich in den Wolken verliert, und dem verborgenen Sandkorn. Trotzdem verlor sie nicht den Mut. Sie sagte sich: „… Gott flößt keine unerfüllbaren Wünsche ein, ich darf also trotz meiner Kleinheit nach der Heiligkeit streben. Mich größer machen ist unmöglich. Ich muß mich ertragen, wie ich bin, mit allen meinen Unvollkommenheiten, aber ich will das Mittel suchen, in den Himmel zu kommen, auf einem kleinen Weg, einem recht geraden, recht kurzen, einem ganz neuen kleinen Weg. Wir leben in einem Jahrhundert der Erfindungen, man nimmt sich jetzt die Mühe nicht mehr, die Stufen einer Treppe emporzusteigen, bei den Reichen ersetzt ein Fahrstuhl die Treppe aufs vorteilhafteste. Auch ich möchte einen Aufzug finden, der mich zu Jesus emporhebt, denn ich bin zu klein, um die beschwerliche Treppe der Vollkommenheit hinaufzusteigen. Ich suchte daher in den heiligen Büchern nach einem Hinweis auf den Fahrstuhl, den ich begehrte, und ich stieß auf die aus dem Munde der Ewigen Weisheit kommenden Worte: Ist jemand ganz klein, so komme er zu mir … der Fahrstuhl, der mich bis zum Himmel emporheben soll, deine Arme sind es, o Jesus!"

Die Grundhaltung dieses Weges ist: klein bleiben wollen und unbedingtes Vertrauen. „Es besteht darin, daß man sein Nichts anerkennt, alles vom lieben Gott erwartet … daß man sich um nichts Sorgen macht …" Für breite Bevölkerungsschichten stand das Ideal christlicher Vollkommenheit jahrhundertelang nicht mehr im vollen Einklang mit dem Evangelium. Heiligkeit war zu einem unnachahmbaren Phantom aus Fehlerlosigkeit und Höchstleistungen in allen Tugenden geworden. Theresia erkannte wieder neu, daß Gott sich zu den Schwachen herabneigt und die Verlorenen sucht. Gott liebt die Kleinen. Vor ihm zählt nur die Liebe. Diese wiederentdeckten Grundwahrheiten des Evangeliums sind die wesentliche Botschaft von Theresias „kleinem Weg". Er ist ihr Testament an unsere Zeit. Untrennbar ist er mit ihrer Heiligsprechung verbunden.

Celine berichtet vom Seligsprechungsprozeß ihrer Schwester: „Als der Promotor fidei mir während des Prozesses die Frage stellte, weshalb ich die Seligsprechung Schwester Theresias vom Kinde Jesus wünsche, antwortete ich ihm: ,Einzig und allein, damit ihr ,kleiner Weg' bekannt werde.' So nannte sie ihre Spiritualitat, ihre Weise, zu Gott zu gehen.

Er entgegnete: ,Wenn Sie von einem Weg sprechen, wird der Prozeß unausweichlich fallengelassen, wie es in anderen analogen Fällen bereits geschehen ist.' – ,Das tut mit leid', erwiderte ich. ,Die Furcht, der Prozeß von Schwester Theresia werde fallengelassen, kann mich aber nicht hindern, den einzigen Punkt, der für mich von

Interesse ist, zu betonen: daß der ,kleine Weg' sozusagen kanonisiert werde.'

Und ich hielt daran fest, und der Prozeß fiel nicht ins Wasser. Aus demselben Grund empfand ich über die Ansprache Benedikts XV., in der er die ,Geistige Kindschaft' pries, größere Freude als bei der Selig- und bei der Heiligsprechung unserer Schwester." [12]

Celine berichtet auch: „Es ist wahr, daß unsere liebe kleine Meisterin uns bei jeder Gelegenheit ihren ,kleinen Weg' zeigte." [12]

Theresias Sendung besteht darin, ihren „Kleinen Weg" zu lehren. Dies bekräftigte der päpstliche Legat bei der Einweihung der Basilika in Lisieux am 22. Juni 1937: „Die hl. Theresia vom Kinde Jesus hat eine Mission, sie hat eine Lehre, aber ihre Lehre ist – wie ihr ganzes Wesen – demütig und einfach. Sie läßt sich in zwei Wörter zusammenfassen: geistige Kindschaft, oder in zwei andere, die ihnen gleichwertig sind: kleiner Weg." [12]

Theresias „kleiner Weg" ist keine wissenschaftlich-systematische Lehre. Er erschließt sich, wenn man Theresias Leben betrachtet. Ihr Weg ist gangbar für alle: für Menschen, die höchste Verantwortung tragen, und für die Kleinen, für Gelehrte und Ungebildete. Voraussetzung ist nur, seine Unfähigkeit anzuerkennen, aus sich selbst allein Gutes zu tun. „Um ihn zu gehen, muß man demütig sein, arm im Geist und einfach" [12], erklärte Theresia.

Nach Theresias Tod traf Celine hinsichtlich dieser Grundhaltung folgende Aussage: „Wie sehr hätte ihr das Gebet von Bossuet gefallen, wäre es ihr bekannt gewesen:

‚Großer Gott! ... Laß nicht zu, daß gewisse Köpfe, von denen die einen sich zu den Gelehrten, die anderen sich zu den Spirituellen zählen, vor deinem furchtbaren Richterstuhl jemals angeklagt werden, sie hätten auf irgendeine Weise beigetragen, dir den Eingang in ich weiß nicht wie viele Herzen zu verschließen, weil du auf eine so einfache Art dort eintreten wolltest, daß sie darüber schockiert waren. Weil du durch eine Tür gehen wolltest, die – obzwar sie seit den ersten Jahrhunderten der Kirche den Heiligen weit offensteht – ihnen vielleicht noch nicht genügend bekannt war. Bewirke vielmehr, daß wir alle so klein wie die Kinder werden, wie Jesus Christus uns befiehlt, und eines Tages durch diese kleine Türe einzutreten vermögen, um sie dann den anderen mit um so größerer Sicherheit und Wirksamkeit zeigen zu können. Amen.‘

Es ist nicht erstaunlich, daß dieser große Mann in seiner letzten Stunde die herzbewegenden Worte sprach: ‚Könnte ich mein Leben von neuem beginnen, so möchte ich nichts sein als ein ganz kleines Kind, das ohne Unterlaß dem Jesuskind die Hand gibt.‘ " [12]

Kleine Kinder fallen oft. Deshalb spricht Theresia immer wieder allen Mut zu, sich wegen ihrer Schwachheiten und Fehler nicht niederdrücken zu lassen. Schon als Fünfzehnjährige schrieb sie an ihre Schwester Celine: „... Welche Gnade, wenn wir uns am Morgen ohne Mut, ohne Kraft fühlen, um die Tugend zu üben. Dann ist das der Augenblick, um die Axt an die Wurzel des Baumes zu legen (indem wir auf niemand zählen als auf Jesus allein. Wenn wir dabei fallen, ist alles in einem Akt der Liebe wieder gutgemacht) ... Die Liebe vermag alles ... Jesus schaut nicht so sehr auf die Größe der Taten, noch auf ihre Schwierigkeit, als vielmehr auf die Liebe, mit der sie vollbracht werden ..."[2]

Wesentlich für den Christen ist es, den Alltag zu meistern, ganz gleich, was man tut. Gott schaut nicht so sehr auf die Gabe des Liebenden als vielmehr auf die Liebe des Gebenden. Große Werke sind nicht notwendig: „Jesus fordert keine großen Taten, sondern nur Hingabe und Dankbarkeit ... Er bedarf unserer Werke nicht, sondern nur unserer Liebe."[22]

Um Liebe zu üben, genügen winzige Anlässe, die unscheinbarsten Dinge und Taten. Kleine Aufmerksamkeiten machen ein ganzes Leben aus. In einem Brief an ihre Schwester Leonie spricht Theresia ihre Überzeugung aus, daß selbst die geringsten aus Liebe vollbrachten Taten in den Augen des Herrn wertvoll sind und sein Herz gewinnen:

„... Wie sollten wir den fürchten, der sich von einem Haar, das um unseren Hals weht, fesseln läßt! ... Verstehen wir es also, ihn als Gefangenen festzuhalten, diesen Gott, der um unsere Liebe bettelt. Wenn er uns sagt, ein Haar könne dieses Wunder bewirken, zeigt er uns, daß es die kleinsten, aus Liebe getanen Handlungen sind, die sein Herz gewinnen ... Ah, wenn es darauf ankäme, große Dinge zu vollbringen, wie sehr wären wir zu bedauern? ... Aber wie glücklich sind wir, weil Jesus sich durch die kleinsten Dinge fesseln läßt ..."[2]

Immer wieder versucht Theresia auf die „kleinen Mittel" hinzuweisen, die sich bei ihr sosehr bewährten, ein

Lächeln, wenn man lieber ein mißmutiges Gesicht machen würde, ein liebes Wort, obwohl man lieber schweigen möchte, einen unangenehmen Menschen zuvorkommend behandeln, gegen jedermann freundlich sein, die Fehler der anderen ertragen und sich über ihre Schwächen nicht wundern.

Zwei Begebenheiten, die Theresia selbst berichtete, sollen ihre Verhaltensweise veranschaulichen: „Es gibt in der Kommunität eine Schwester, die das Talent hat, mir in jeder Hinsicht zu mißfallen, ihre Manieren, ihre Worte, ihr Charakter schienen mir sehr unangenehm. Sie ist jedoch eine heilige Klosterfrau, die dem Lieben Gott sicher sehr angenehm ist. So wollte ich der natürlichen Antipathie, die ich empfand, nicht nachgeben, ich sagte mir, die Liebe dürfe nicht in Gefühlen bestehen, sondern müsse sich in Werken äußern. Nun bemühte ich mich, für diese Schwester zu tun, was ich für den mir liebsten Menschen getan hätte. Jedesmal, wenn ich ihr begegnete, betete ich für sie zum Lieben Gott und bot ihm alle ihre Tugenden und Verdienste an … Ich gab mich nicht damit zufrieden, viel für die Schwester zu beten, die mir so viele Kämpfe verursachte, ich suchte ihr alle möglichen Dienste zu leisten, und wenn ich in Versuchung kam, ihr auf unangenehme Art zu antworten, begnügte ich mich damit, ihr mein liebenswürdigstes Lächeln zu zeigen." [22]

Zur Grundeinstellung von Theresias „kleinem Weg" gehört auch das bedingungslose Leben und Lieben im Augenblick. Bereits todkrank schrieb Theresia an der Geschichte ihres Lebens. Eine Szene, die sich im Garten des Karmels abspielte, gewährt uns Einblick in Theresias Verständnis vom „Leben im Augenblick":

„Kaum greife ich zur Feder, da kommt auch schon eine gute Schwester, die Heugabel auf der Schulter, an mir vorüber. Sie glaubt mich zu zerstreuen, indem sie ein wenig mit mir plaudert: Heu, Enten, Hühner, Arztbesuch, alles kommt aufs Tapet. Offengestanden, es dauert nicht lange, aber es gibt mehr als eine liebevolle Mitschwester, und unversehens legt eine andere Heuerin mir Blumen in den Schoß, im Glauben vielleicht, mir damit poetische Gedanken einzugeben. Ich aber trage in diesem Augenblick kein Verlangen danach, es wäre mir lieber, die Blumen wiegten sich noch auf ihren Stengeln. Schließlich, müde vom ständigen Auf- und Zumachen dieses berühmten Heftes, schlage ich ein Buch auf (das nicht offen bleiben will) … Geliebte Mutter, ich glaube, Sie hätten viel Spaß, wollte ich Ihnen alle meine Abenteuer in den Büschen des Karmels erzählen, ich weiß nicht, ob ich je zehn Zeilen schreiben konnte, ohne gestört zu werden …"[22]

Theresia ging den Weg der Liebe. Sie wählte den Weg der kleinen Schritte. Ihr „kleiner Weg" brachte ihren Schwestern Freude und Ermutigung, Trost und Licht. Schon während ihres Erdenlebens streute Theresia ungezählte Rosen der gelebten Nächstenliebe, die alle menschlichen „Wüsten" besiegten. Nach ihrem Versprechen will Theresia aber auch in der Wüste unserer Tage Rosen regnen lassen. Sie ruft uns auf zur Umkehr und zur inneren Annahme des „kleinen Weges". Durch die Treue im Kleinen werden wir alle scheinbar unlösbaren

Probleme unserer Zeit lösen, denn Gott selbst wird uns zu Hilfe kommen.

„Wenn Du immer treu bleibst, indem Du ihn in den kleinen Dingen erfreust, dann wird er sich verpflichtet fühlen, dir in den großen beizustehen." [2]

Der Weg der Hingabe und des Vertrauens ist ein Weg der Hoffnung. Nietzsches Alptraum vom unaufhörlichen Fall ins Nichts setzte Theresia den Fall in die barmherzigen Hände des Vaters entgegen. Theresias Waffen gegen Unglauben, Verzweiflung und Mißtrauen waren Glaube, Hoffnung und Vertrauen. Ihr Trumpf ist die Liebe. Ihr Leben war, wie sie selbst in einem Vers schrieb, ein Leben aus Liebe:

„Aus Liebe leben heißt wagen zu tragen unsterblichen Schatz in sterblicher Schale. Du, Gott, du bist Liebe, doch ich reine Schwäche, so unendlich noch ferne dem Morgensterne. Und doch, wenn ich falle auch Stunde um Stunde, erbarmend umarmend eilst stets du zu mir, um mich zu erheben, voll Gnade vergebend, so lebe ich weiter aus Liebe." [9]

Gebet zur hl. Theresia von Lisieux

Wundervolle, hl. Theresia vom Kinde Jesu! Während deines kurzen Erdenlebens bist du ein Vorbild engelgleicher Reinheit, starker Liebe und großmütiger Hingabe an Gott geworden. Nun darfst du den Lohn für deine Tugenden genießen. Blicke in Liebe herab auf uns! Wir vertrauen auf dich. Erbitte uns die Gnade, so wie du stets die Reinheit des Herzens zu bewahren und aufrichtig zu verabscheuen, was auch nur im mindesten gegen diese hohe Tugend verstoßen könnte. Sie macht uns deinem göttlichen Bräutgam so lieb.

Teure, hl. Theresia, laß uns in jeder Not die Macht deiner Fürsprache erfahren, erbitte uns Trost und Kraft in allen Bitternissen dieses elenden Lebens, vor allem im letzten Augenblick, damit wir dann mit dir auch einmal teilnehmen dürfen an der ewigen Seligkeit des Himmels. Amen.

V.: Bitte für uns, hl. Theresia!

A.: Daß wir würdig werden der Verheißungen Christi.

Lasset uns beten! Herr, Du hast gesagt: Wenn ihr nicht werdet wie die Kinder, könnt ihr nicht eingehen ins Himmelreich. Wir bitten dich: Gib, daß wir in Demut und Einfalt des Herzens so treu den Fußstapfen der hl. Jungfrau Theresia folgen, daß wir die ewigen Belohnungen erlangen. Du lebst und herrschest als König in Ewigkeit. Amen.

(Pius XI.)

Du Patronin der Weltmission, bitte für uns!

Nachwort

Das jahrelange Drängen der Basis hat Papst Pius XI. dazu bewogen, Theresia von Lisieux im Jahre 1927 zur Patronin der Weltmissionen zu proklamieren. Darüber hinaus wurde die Heilige ausdrücklich zur Patronin Rußlands und damit zur Patronin der atheistischen Welt erklärt.

In allen Kontinenten und für alle Völker wurde Theresia ein Vorbild erneuerten Glaubens. Durch die Erfahrung ihrer eigenen Glaubensnot wurden für Theresia die Ungläubigen und Gottlosen zu ihren Brüdern und Schwestern.

Das Geheimnis von Theresias fortwährender persönlicher Erneuerung war die Liebe. Sie bekannte selbst: „Die Liebe erneuert mich jeden Augenblick und läßt keine Spur von Sünde zurück."

Theresias Anliegen war es, das Wesen der christlichen Botschaft wieder neu bewußt zu machen. Sie wollte und will Gott so lieben lehren, wie sie ihn liebte. Ihr Vermächtnis: „Nur die Liebe zählt", ist uns Botschaft, Hoffnung und Auftrag.

P. Theophan Beierle OCD,
Karmelitenkloster Würzburg

Chronologische Zeittafel

02. 01. 1873	Marie-Francoise-Theresia wird in Alençon geboren.
04. 01. 1873	Taufe in der Kirche Notre-Dame in Alençon
28. 08. 1877	Tod der Mutter
02. 10. 1882	Pauline tritt in den Karmel von Lisieux ein.
13. 05. 1883	Das Lächeln der Seligsten Jungfrau und Theresias wunderbare Heilung
08. 05. 1884	Theresias Erstkommunion
14. 06. 1884	Firmung
25. 12. 1886	„Die Weihnachtsbekehrung"
01. 09. 1887	Theresia erfährt über die Bekehrung Pranzinis
20. 11. 1887	Audienz bei Leo XIII. (Romreise 4. 11. bis 2. 12.)
09. 04. 1888	Theresias Eintritt in den Karmel
10. 01. 1889	Theresias Einkleidung
08. 09. 1890	Theresia legt Profeß ab als Theresia de l'Enfant Jesus et de la Sainte-Face (Theresia vom Kinde Jesus und vom hl. Antlitz).
29. 07. 1894	Tod des Vaters
Ende Dez. 1894	Die Priorin Agnes de Jesus (Pauline) gibt Theresia den Auftrag, ihre Kindheitserinnerungen aufzuzeichnen.
09. 06. 1895	Fest der Hl. Dreifaltigkeit. Theresia vollzieht ihren Weiheakt als Ganzbrandopfer der barmherzigen Liebe.

21. 01. 1896	Theresia übergibt ihrer Priorin ihre Kindheitserinnerungen.
2./3. 4. 1896	Nacht vom Gründonnerstag auf Karfreitag: erster Bluthusten
05. 04. 1896 Ostersonntag:	Beginn der inneren Prüfung, die bis zum Tode anhielt: Anfechtung gegen den Glauben und die Hoffnung
03. 06. 1897	Theresia beginnt im Auftrag der Priorin Gonzague ihre Klostererinnerungen aufzuzeichnen.
30. 09 1897	Gegen 19.20 Uhr stirbt Theresia nach einem Todeskampf von zwei Tagen.
04. 10. 1897	Beerdigung, erstes Karmelitinnengrab auf dem Friedhof von Lisieux
10. 06. 1914	Pius X. nennt Theresia „die größte Heilige der Neuzeit".
29. 04. 1923	Seligsprechung Theresias durch Pius XI.
17. 05. 1925	Heiligsprechung durch Pius XI. auf dem Petersplatz vor 1 000 000 Pilgern
13. 07. 1927	Einführung ihres Festes für die ganze Kirche
14. 12. 1927	Pius XI. erklärt Theresia zur Patronin der Weltmissionen
1932	Pius XI. erklärt Theresia zur Patronin Rußlands
1944	Pius XII. erklärt Theresia neben Jeanne d'Arc zur 2. Patronin Frankreichs

Quellennachweis

[1] Beierle, Theophan: »Das eucharistische Leben der hl. Therese von Lisieux«, Leutesdorf am Rhein 1981

[2] »Briefe der hl. Therese von Lisieux«, Leutesdorf am Rhein 1976

[3] Buob, Hans: »Die Gaben des Heiligen Geistes«, Linz 1984

[4] »Dekret über das Apostolat der Laien«

[5] »Dekret über die Missionstätigkeit der Kirche«

[6] De la Vierge OCD, Victor: »Therese von Lisieux – Lehrmeisterin des geistlichen Lebens«, Friedberg bei Augsburg 1958

[7] Dogmatische Konstitution über die Kirche (»Lumen gentium«)

[8] Görres, Ida Friederike: »Das verborgene Antlitz«, Freiburg im Breisgau 1957

[9] Gutting, Ernst: »Nur die Liebe zählt«, Leutesdorf am Rhein 1981

[10] »Konstitution über die hl. Liturgie«

[11] Liturgische Institute Salzburg/Trier/Zürich (Hg.): »Die Feier der Eingliederung Erwachsener in die Kirche« nach dem neuen Rituale Romanum. Studienausgabe, Einsiedeln – Köln/Freiburg – Wien 1975

[12] Martin, Celine: »Meine Schwester Theresia«, Wien – München 1961

[13] Martin, Therese: »Ich gehe ins Leben ein – Letzte Gespräche der Heiligen von Lisieux«, Leutesdorf am Rhein 1979

[14] Martin, Zélie: »Briefe der Mutter der hl. Therese von Lisieux«, Trier 1972

[15] Mühlen, Heribert, u. a. (Hg.): »Erneuerung in Kirche und Gesellschaft«, Paderborn

[16] Mühlen, Heribert (Hg.): »Dokumente zur Erneuerung der Kirchen«, Mainz 1982

[17] Papst Paul VI.: »Apostolisches Schreiben über die Evangelisierung«

[18] »Pastorale Konstitution über die Kirche in der Welt von heute«

[19] »Sainte Thérèse de l'Enfant-Jésus et de la Sainte-Face, Poésies«, Textes et introductions, Bayeux (?) 1979

[20] Six, Jean-Francois: »Theresia von Lisieux – Ihr Leben, wie es wirklich war«, Freiburg im Breisgau 1976

[21] Stertenbrink, Rudolf: »Allein die Liebe«, Freiburg im Breisgau 1980

[22] »Therese vom Kinde Jesus«, Selbstbiographische Schriften, Einsiedeln 1958

[23] Theresienwerk Augsburg (Hg.): »Papst Paul Vl. über die hl. Therese vom Kinde Jesus anläßlich der 100. Wiederkehr ihres Geburtstages«, Handschreiben an den Bischof von Lisieux und Bayeux

[24] Wilder-Smith, A. Ernest: »Herkunft und Zukunft des Menschen«, Neuhausen – Stuttgart 1976

Alle Konzilstexte wurden entnommen aus: Rahner / Vorgrimler: »Kleines Konzilskompendium«, Freiburg im Breisgrau 1966

Empfehlenswerte Bücher: